Curso
MAD360

*La diferencia entre aprobar
y sacar plaza*

Auxiliar de Enfermería
en Geriatría

AF212418

DIPUTACIÓN PROVINCIAL DE CÁDIZ

Si aún no dispones de tu **Curso MAD360**, te ofrecemos un acceso GRATIS de 30 días para que disfrutes de los siguientes recursos:

- Técnicas de Memoria 360.
- MADTEST: Test *online* Nivel PRO.
- Temario en formato digital.
- Vídeos.
- Esquemas.
- Planificación de estudio.
- Foro entre opositores hasta la fecha del examen.*
- Recursos y novedades exclusivas.
- Consúltanos sobre tu oposición y proceso selectivo.
- Actualizaciones legislativas (Boletines Oficiales) hasta 60 días antes de la fecha del examen.*

Para acceder a esta prueba del Curso MAD360** será necesaria la compra de todos los libros para esta especialidad de la edición 2026.

Regístrate en **mad.es/iniciar-sesion** y, en la pestaña **MIS CURSOS**, valida los códigos que encontrarás en la última página de tus libros. Recuerda que dispones de un plazo de **45 días desde la fecha de compra** para realizar la validación. Si no verificas tu matrícula, el periodo de uso del curso comenzará a contar aunque no hayas accedido.

NOTA IMPORTANTE:

* Examen de esta categoría profesional correspondiente a la convocatoria publicada en el BOP de Cádiz núm. 28, de 11 de febrero de 2026, o hasta el 30 de abril de 2027, lo que se cumpla antes, y previa renovación del servicio.

** El acceso al CURSO MAD360 estará disponible desde abril de 2026 (algunos recursos podrían estar disponibles en fecha posterior). Tendrá una duración de 30 días RENOVABLES mediante pago, desde la validación de códigos, o hasta el 31 de octubre de 2027, lo que se cumpla antes.

MAD se reserva el derecho a ampliar dichas fechas.

Auxiliares de Enfermería en Geriatría de la Diputación Provincial de Cádiz

Marzo 2026

Auxiliares de Enfermería en Geriatría de la Diputación Provincial de Cádiz

Test del temario

Autores

FRANCISCO JESÚS TORRES FONSECA
LICENCIADO EN DERECHO

ADELA EMILIA GÓMEZ AYALA
LICENCIADA EN FARMACIA

JUAN MANUEL GIL RAMOS
LICENCIADO EN MEDICINA. MASTER EN SALUD AMBIENTAL.

JOSÉ MANUEL ANIA PALACIO
LICENCIADO EN MEDICINA Y CIRUGÍA

CARMEN ROSA JUNQUERA VELASCO
DIPLOMADA UNIVERSITARIA EN ENFERMERÍA

M.ª JOSÉ GARCÍA BERMEJO
LICENCIADA EN BIOLOGÍA
TÉCNICO ESPECIALISTA EN LABORATORIO

HERMINIA ANDRADES ROMERO
DIPLOMADA EN FISIOTERAPIA. TÉCNICO SUPERIOR EN IMAGEN
PARA EL DIAGNÓSTICO. TÉCNICA SUPERIOR EN LABORATORIO DE
ANÁLISIS CLÍNICO.

JOAQUÍN MARTÍNEZ DEL FRESNO
LICENCIADO EN DERECHO

LIDIA PONCE MARTÍNEZ
LICENCIADA EN PSICOLOGÍA

M.ª DEL CARMEN SILVA GARCÍA
DIPLOMADA UNIVERSITARIA EN ENFERMERÍA
TÉCNICA ESPECIALISTA DE LABORATORIO

ANA MARÍA SERRANO BÁRCENA
LICENCIADA EN BIOLOGÍA

© 7 Editores Recursos para la Cualificación Profesional y el Empleo, S.L. (7 Editores)
© Los autores
Primera edición, marzo 2026 (182 páginas)
Derechos de edición reservados a favor de 7 Editores
IMPRESO EN ESPAÑA
Diseño Portada: 7 Editores
Edita: 7 Editores
Avda. San Francisco Javier, 9 · Edificio Sevilla 2 · Planta 11 · Módulos 25-27 · 41018 Sevilla
Teléfono: 954 784 411 · WEB: www.mad.es · e-mail: administracion@7editores.com
ISBN: 979-13-702-8701-6
© "Editorial Mad" y "Eduforma" son nombres comerciales registrados de
7 Editores Recursos para la Cualificación Profesional y el Empleo, S.L.

Índice

A) MATERIAS COMUNES

Test n.º 1. La Constitución Española de 1978. Principios generales, características y estructura. Los derechos y deberes fundamentales: garantía y suspensión 13

Test n.º 2. La Corona. El Poder Legislativo. El Poder Ejecutivo. El Poder Judicial. El Gobierno y la Administración del Estado 21

Test n.º 3. La Administración Pública en el ordenamiento jurídico español. Tipología de los entes públicos. Las Administraciones del Estado, Autonómica y Local 27

Test n.º 4. El Estatuto de Autonomía para Andalucía: estructura y disposiciones generales. Competencias de la Comunidad Autónoma de Andalucía 35

Test n.º 5. La Provincia. Organización: órganos necesarios y complementarios de las Diputaciones Provinciales. Sistema de elección de los/las Diputados/as y del/la Presidente/a. El Municipio. Organización Municipal. Competencias. Autonomía Municipal 41

Test n.º 6. Los derechos de los ciudadanos ante la Administración Pública. Consideración especial del interesado. Colaboración y participación de los ciudadanos en la Administración 47

Test n.º 7. Ley Prevención de Riesgos Laborales. Definiciones. Derecho a la protección frente a los riesgos laborales. Principios de la acción preventiva 55

Test n.º 8. Conceptualización básica. Discriminación y relaciones desiguales: concepto y tipos de discriminación. Igualdad de oportunidades: principios de igualdad. Planes de igualdad. Breve referencia al Plan Estratégico de Igualdad de Oportunidades entre mujeres y hombres de la Diputación Provincial de Cádiz 63

B) MATERIAS ESPECÍFICAS

Test n.º 1. Documentación en el ámbito sanitario. La historia clínica. Documentación administrativa. Métodos de archivo. Organización del almacén. Normas de seguridad e higiene en el almacén. Formulación de pedidos 71

Test n.º 2. Las técnicas de comunicación interpersonal. Definición, elementos, tipos, estilos de comunicación. Canales comunicativos. Barreras de la comunicación. Comunicación oral, comunicación no verbal. Acogida al paciente geriátrico: aspectos administrativos. Aspectos organizativos: la toma de decisiones. Prioridades y estrategias de intervención. Aspectos psicológicos: estrategias del personal de enfermería. La comunicación con el paciente geriátrico 77

Test n.º 3. Necesidades fundamentales de la persona. Jerarquía de las necesidades de A. Maslow. Adaptación de Kalish a la jerarquía de Maslow. Valoración de las necesidades de Virginia Henderson. Los Cuidados Básicos de Enfermería o Plan de Cuidados Integral de Enfermería. El Proceso de Atención de Enfermería (PAE) 83

Test n.º 4. Epidemiología, cadena epidemiológica y transmisión de infecciones. Medidas para disminuir el riesgo de transmisión de infecciones: lavado de manos, tipos y recomendaciones; Aislamiento: concepto, tipos y procedimientos. Protección universal. Residuos sanitarios: concepto, clasificación, recogida, transporte, almacenamiento, tratamiento y eliminación 89

Test n.º 5. Limpieza en el medio sanitario. Productos utilizados en la limpieza: el detergente. Procedimiento para la limpieza manual del material. Desinfección en el medio sanitario. Principios básicos de desinfección y métodos de desinfección: los germicidas. Esterilización en el medio sanitario: principios básicos de esterilización, métodos y control de calidad 95

Test n.º 6. Mobiliario y accesorios de la habitación hospitalaria. La cama hospitalaria: características, tipos. El colchón de la cama hospitalaria. La preparación de la cama hospitalaria. Ropa o lencería de la cama hospitalaria. Procedimiento para hacer una cama desocupada y una cama ocupada 101

Test n.º 7. La piel del anciano como órgano de protección ante las infecciones: los cambios de la piel como consecuencia del envejecimiento. Procesos dermatológicos más frecuentes en los ancianos. La higiene integral: conceptos; el aseo en pacientes geriátricos. La úlcera de decúbito o úlcera por presión (UPP): concepto, etiología, clasificación GENEAUPP. Proceso de generación de la UPP. Plan de actuación 107

Test n.º 8. El sistema gastrointestinal: conceptos básicos y patologías más frecuentes. Modificaciones del sistema gastrointestinal asociadas al proceso de envejecimiento. Factores que influyen en los hábitos alimenticios de la población y su influencia en los estados de salud. Dietas terapéuticas. Alteración de alimentos y toxiinfección alimentaria. Prevención de la toxiinfección alimentaria: conservación y manipulación de alimentos 113

Test n.º 9. Conceptos de nutrición enteral y parenteral. Tipos de sondas. Cuidados del paciente con sonda nasoentérica y con gastro-enterostomías. Métodos de preparación y administración en la nutrición enteral: clasificación de las fórmulas, preparación, formas de administración, precauciones generales respecto a la administración. Complicaciones de la administración de la nutrición enteral 119

Test n.º 10. Características de la orina. Cambios en el aparato urinario con el envejecimiento. Patologías más frecuentes del aparato urinario en el paciente geriátrico. El balance hídrico y el control de diuresis. Sondaje vesical: procedimiento, obtención de una muestra de orina estéril de una sonda Foley, cuidados de enfermería en el paciente con sonda permanente, el lavado vesical. Dispositivos de recogida externa de orina: cuña y botella. Características de las heces. Incontinencia fecal (IF): clasificación, colocación de sondas rectales y administración de enemas.......................... 125

Test n.º 11. Paciente geriátrico y necesidad de movilización. Normas básicas de mecánica corporal. Técnicas de movilización para pacientes geriátricos: movilización del paciente geriátrico en la cama. Incorporación. Traslado. Ayudas a la deambulación. Cambios posturales en el paciente anciano 131

Test n.º 12. Concepto clínico de muerte. Manifestaciones observables de la ausencia de signos clínicos. Cambios en el cuerpo después de la muerte. Cuidados postmortem y normas de comportamiento. Atenciones a la familia....... 139

Test n.º 13. Las muestras de productos biológicos para analizar: concepto, tipos y normas generales de actuación. Las constantes vitales: la temperatura corporal. La respiración. El pulso. La tensión arterial. Medicamentos: presentación y administración. Efectos adversos de los medicamentos. Presentación, preparación y administración de medicamentos. Vías de administración de medicamentos. El secreto médico como obligación del auxiliar de enfermería.. 145

Test n.º 14. Centros de atención y asistencia al anciano: definición y tipos. El mayor válido y el mayor asistido en el centro residencial. Estructura organizativa de los centros residenciales. Concepto de Gerontología. El envejecimiento: definición. Aspectos generales de las características fisiológicas del envejecimiento. Modificaciones en el envejecimiento por órganos y sistemas. Cuidados de la boca y los pies en el paciente mayor. Aspectos psicológicos de la ancianidad. Aspectos sociales de la ancianidad............... 153

Test n.º 15. Introducción a la Geriatría. Concepto y objetivos. Valoración geriátrica integral: clínica, funcional, mental, social. Consideraciones sobre la actitud del profesional sanitario ante el enfermo geriátrico. Morbilidad y mortalidad del paciente geriátrico. Enfermedades más frecuentes en el anciano. Síndromes geriátricos: caídas, insomnio, síndrome confusional agudo (SCA) o delírium, discapacidad física, inmovilismo................... 161

Test n.º 16. Hábitos de vida saludables en el anciano: el hábito de la higiene en el anciano, las prendas de vestir, la actividad física, la actividad sexual, el ocio y la dieta. Concepto de terapia ocupacional. Objetivos de la terapia ocupacional en personas mayores. Actividades de terapia ocupacional en personas mayores: actividades de la vida diaria, de ocio, de revitalización geriátrica, físicas y deportivas 167

Test n.º 17. La atención centrada en la persona: concepto, metodología y buenas prácticas. El derecho del mayor a realizar su proyecto de vida en la residencia. El testamento vital anticipado 175

A) MATERIAS COMUNES

TEST N.º 1

La Constitución Española de 1978. Principios generales, características y estructura. Los derechos y deberes fundamentales: garantía y suspensión

1. El artículo 10 de la Constitución Española contempla:

a) Que la dignidad de la persona es fundamento del orden político y de la paz social.
b) El primero de los derechos fundamentales contenidos en la misma.
c) La prohibición de lesión a la persona física.
d) La interpretación de la Declaración Universal de Derechos Humanos conforme a la Constitución Española.

2. ¿Cuál de los siguientes no se especifica en el artículo 10.1 como fundamento del orden político y la paz social?

a) La dignidad de la persona.
b) Los derechos inviolables de la persona.
c) La seguridad jurídica.
d) El libre desarrollo de la personalidad.

3. En relación con la dignidad de la persona:

a) En realidad, la Constitución solamente la reconoce a la persona en tanto que ciudadana.
b) Puede verse alterada, jurídicamente hablando, atendiendo a la situación en que la persona se encuentre.
c) No admite grados.
d) Es renunciable y disponible.

4. El artículo 10 de la Constitución Española:

a) No reconoce el valor de los Tratados Internacionales, dándole el máximo y único valor a la Constitución.
b) Dispone que los tratados y acuerdos ratificados por España sirven de parámetro interpretativo de los derechos y libertades establecidos en la Constitución.

c) Reconoce únicamente validez, en relación con los derechos humanos, a la Declaración Universal de Derechos Humanos.

d) Establece que los Tratados Internacionales ratificados por España se situarán en una posición superior en la jerarquía normativa respecto de la Constitución.

5. De la Constitución se desprende que:

a) Los derechos y libertades establecidos en Tratados internacionales no tienen valor.

b) Los derechos y libertades establecidos en Tratados internacionales tienen rango constitucional.

c) Los derechos y libertades establecidos en Tratados internacionales tienen rango constitucional únicamente en la medida en que también estén reconocidos en la Constitución Española.

d) Los derechos reconocidos en Tratados internacionales tienen eficacia directa, por este hecho, en los tribunales españoles, aunque no hayan estado ratificados por el Estado español.

6. En relación con la nacionalidad española:

a) La Constitución establece que solamente se puede adquirir por nacimiento.

b) Se adquiere únicamente por nacimiento, no obstante, un extranjero puede optar a la residencia.

c) Se puede adquirir.

d) Nunca se puede perder.

7. En base a la Constitución Española:

a) Un español nunca puede perder su nacionalidad.

b) Ningún español de origen podrá ser privado de su nacionalidad.

c) La nacionalidad siempre se conserva.

d) No se admite la doble nacionalidad de un español.

8. En relación con la doble nacionalidad:

a) La Constitución Española no la permite.

b) El Estado puede concertar tratados de doble nacionalidad con los países iberoamericanos o con aquellos que hayan tenido o tengan una particular vinculación con España.

c) Solamente se puede reconocer en relación con la nacionalidad de otros países europeos.

d) Solamente se puede reconocer en relación con antiguos países que formaban parte de la Corona española.

9. ¿Cuál de las siguientes afirmaciones es falsa?

a) No es la primera vez que una Constitución Española regula aspectos relacionados con la nacionalidad.

b) La Constitución Española no es la única a nivel mundial que contiene regulación respecto de la nacionalidad de los ciudadanos del Estado.

c) En la Constitución se desarrollan las formas de adquisición, conservación y pérdida de la nacionalidad española, dada su importancia.

d) La nacionalidad es una cualidad jurídica de la persona.

10. En base al artículo 12 de la Constitución Española:

a) Los españoles se pueden emancipar a los dieciocho años.

b) Los españoles se pueden emancipar a los dieciséis años.

c) Los españoles son mayores de edad a los dieciocho años.

d) Los españoles son mayores de edad a los veintiún años.

11. Indica la respuesta incorrecta:

a) Que la Constitución establezca cuál es la edad de obtención de la mayoría de edad no implica que, por causa justificada, la ley pueda establecer otras edades para ejercer algunos derechos y obligaciones.

b) Que la Constitución establezca cuál es la edad de obtención de la mayoría de edad no implica la imposibilidad de emanciparse.

c) La Constitución equipara la minoría de edad con la incapacidad.

d) La Constitución vincula, en términos generales, la mayoría de edad a la adquisición de la plena capacidad de obrar.

12. No ser mayor de edad implica:

a) Que no puedes votar en las elecciones.

b) Que no puedes contraer matrimonio.

c) Que no puedes trabajar.

d) Que no puedes celebrar ningún tipo de contrato.

13. Atendiendo a lo dispuesto en el artículo 13 de la Constitución:

a) En todo caso, solamente los españoles están legitimados para participar en asuntos públicos.

b) Los extranjeros gozarán es España de los derechos fundamentales, pero no de las libertades públicas establecidas en la Constitución.

c) Los españoles son titulares del derecho de participación en los asuntos públicos, lo que puede extenderse, vía tratado o ley, a otros sujetos para el derecho de sufragio activo y pasivo en las elecciones municipales, siempre atendiendo a criterios de reciprocidad.

d) Solamente los españoles mayores de edad y con determinado nivel cultural pueden participar en asuntos públicos.

14. En relación con el derecho de asilo:

a) No se puede conceder a los refugiados, en ningún caso.

b) Por ley orgánica se establecerán los términos en que los ciudadanos de otros países podrán gozar de este derecho en España.

c) Por ley se establecerán los términos en que los ciudadanos de otros países y los apátridas podrán gozar de este derecho en España.

d) Por reglamento se establecerán los términos en que los apátridas podrán gozar de este derecho en España.

15. Indica la respuesta correcta en relación con la extradición:

a) La extradición solo se concederá en cumplimiento de un tratado o de la ley, atendido al principio de reciprocidad.

b) La extradición solo se concederá en cumplimiento de un tratado o de la ley, sin requerirse la reciprocidad.

c) También se puede conceder la extradición por delitos políticos.

d) No se puede extraditar por actos de terrorismo.

16. Respecto de los extranjeros, ¿qué tres circunstancias se les reconocen explícitamente en el artículo 13 de la Constitución?

a) El derecho a la vida, al asilo y a la extradición.

b) El goce de las libertades públicas, el derecho a la participación en asuntos públicos y el derecho al asilo.

c) El goce de las libertades públicas, el derecho a la vida y la extradición.

d) El goce de las libertades públicas, el derecho al asilo y la extradición.

17. ¿El texto del artículo 13 de la Constitución es el mismo actualmente que el aprobado en 1978?

a) Sí, por supuesto, ya que nunca se ha procedido a la reforma de la Constitución, y menos por el procedimiento agravado, que sería el aplicable a este artículo por su ubicación dentro de la misma.

b) Sí, por supuesto, la Constitución nunca ha sufrido ningún tipo de modificación.

c) No, el apartado 2 del mismo, relativo a los derechos de sufragio activo y pasivo tuvo que ser modificado.

d) No, en realidad se tuvo que reescribir por completo al incorporarnos en la Unión Europea.

18. El artículo 14 de la Constitución hace referencia al derecho a la igualdad, dice que "los españoles son iguales ante la ley, sin que pueda prevalecer discriminación alguna…". ¿Cuál de los siguientes términos no está explícitamente estipulado en el texto del precepto?

a) Nacimiento.

b) Matrimonio.

c) Raza.

d) Religión.

19. Del texto del artículo 14 de la Constitución:

a) Se desprende que los ciudadanos son iguales ante la ley, atendiendo, claro está, a ciertas diferencias según la situación social.

b) Se desprende que nadie puede ser discriminado por su orientación sexual.

c) No se desprende, porque no lo establece, que nadie puede ser discriminado por su orientación sexual.

d) Se desprende, tal y como ha expresado el Tribunal Constitucional, que esta igualdad hace referencia solamente a un mandato dirigido al legislador, para que cree normativa al respecto. Pero no se puede imponer a los ciudadanos el respeto a la misma.

20. Al configurar el derecho a la igualdad, el artículo 14 de la Constitución:

a) Establece una regulación en abstracto de este derecho.

b) Establece específicamente la no discriminación entre hombres y mujeres por razón de la maternidad.

c) Establece específicamente la no discriminación entre hombres y mujeres en relación con el salario cobrado por las mismas funciones.

d) Establece la prohibición del uso de las denominadas "cuotas de discriminación positiva".

En MADTEST tienes **más preguntas de este tema**, y todos tus avances quedan registrados y se reflejan en el ranking.

¡Supera tus límites con MADTEST!

Solución al test n.º 1

1. a) Que la dignidad de la persona es fundamento del orden político y de la paz social.

2. c) La seguridad jurídica.

3. c) No admite grados.

4. b) Dispone que los tratados y acuerdos ratificados por España sirven de parámetro interpretativo de los derechos y libertades establecidos en la Constitución.

5. c) Los derechos y libertades establecidos en Tratados internacionales tienen rango constitucional únicamente en la medida en que también estén reconocidos en la Constitución Española.

6. c) Se puede adquirir.

7. b) Ningún español de origen podrá ser privado de su nacionalidad.

8. b) El Estado puede concertar tratados de doble nacionalidad con los países iberoamericanos o con aquellos que hayan tenido o tengan una particular vinculación con España.

9. c) En la Constitución se desarrollan las formas de adquisición, conservación y pérdida de la nacionalidad española, dada su importancia.

10. c) Los españoles son mayores de edad a los dieciocho años.

11. c) La Constitución equipara la minoría de edad con la incapacidad.

12. a) Que no puedes votar en las elecciones.

13. c) Los españoles son titulares del derecho de participación en los asuntos públicos, lo que puede extenderse, vía tratado o ley, a otros sujetos para el derecho de sufragio activo y pasivo en las elecciones municipales, siempre atendiendo a criterios de reciprocidad.

14. c) Por ley se establecerán los términos en que los ciudadanos de otros países y los apátridas podrán gozar de este derecho en España.

15. a) La extradición solo se concederá en cumplimiento de un tratado o de la ley, atendido al principio de reciprocidad.

16. d) El goce de las libertades públicas, el derecho al asilo y la extradición.

17. c) No, el apartado 2 del mismo, relativo a los derechos de sufragio activo y pasivo tuvo que ser modificado.

18. b) Matrimonio.

19. b) Se desprende que nadie puede ser discriminado por su orientación sexual.

20. a) Establece una regulación en abstracto de este derecho.

TEST N.º 2

La Corona. El Poder Legislativo. El Poder Ejecutivo. El Poder Judicial. El Gobierno y la Administración del Estado

1. Establece la Constitución Española que el Rey:

a) Es el Presidente del Estado.
b) Es el primer Ministro del Estado.
c) Es el Jefe del Estado.
d) Es el Presidente de la Nación.

2. Establece el artículo 56.2 de la Constitución Española que el título del Rey es el de:

a) Príncipe de las Españas.
b) Rey de las Españas.
c) Rey de España.
d) Corona de España.

3. El Rey de España:

a) Solamente puede utilizar el título de Rey.
b) Solamente puede utilizar el título de Rey y el de Príncipe.
c) Solamente podrá utilizar aquellos títulos de la Corona que el Congreso determine.
d) Podrá utilizar todos los títulos que correspondan a la Corona.

4. El Rey:

a) Arbitra pero no puede moderar el funcionamiento regular de las instituciones.
b) Asume la más alta representación del Estado español siempre y en todo caso.
c) Es símbolo de la unidad y permanencia del Estado español.
d) No puede asumir representación del Estado a nivel internacional.

5. Establece el artículo 56.3 de la Constitución que la persona del Rey:

a) Es inviolable y no está sujeta a responsabilidad.
b) Es inviolable pero está sujeta a responsabilidad.

c) Ni es inviolable ni está sujeta a responsabilidad.
d) Puede llevar a cabo habitualmente actos sin refrendo alguno.

6. En relación con el refrendo de actos:

a) Nunca deben ir refrendados los actos del Rey.
b) La Constitución Española establece que siempre deben ir refrendados, pero en la práctica no pasa nada si no es así.
c) La Constitución Española establece que siempre deben ir refrendados, bajo pena de invalidez en todo caso.
d) La Constitución Española establece que siempre deben ir refrendados, bajo pena de invalidez, excepto en determinados casos.

7. El artículo 56 de la Constitución:

a) Es el primer artículo de la parte orgánica de la misma.
b) Es el primer artículo de la parte dogmática de la misma.
c) Es el primer artículo de la Constitución Española.
d) Es el último artículo de la Constitución Española.

8. En términos generales, ¿cuántas funciones atribuye el artículo 56 al Rey de España?

a) Una.
b) Dos.
c) Tres.
d) Cuatro.

9. ¿Qué privilegios del Rey se recogen en el artículo 56 de la Constitución?

a) La irresponsabilidad y la inviolabilidad.
b) La inviolabilidad y la desconexión.
c) La riqueza y la irresponsabilidad.
d) La responsabilidad y la inviolabilidad.

10. La idea de permanencia establecida en al artículo 56 de la Constitución Española, alude a que:

a) El Rey siempre va a ser inamovible, no hay opción.
b) Los Reyes suelen vivir mucho tiempo en España.
c) El título de Rey es hereditario.
d) No tiene ningún significado relevante.

11. Parte de la función de árbitro y mediador del Rey se desarrolla a través de:

a) La Pascua Militar.
b) La propuesta, el nombramiento y el cese del Presidente del Gobierno.

c) El discurso de Navidad.
d) Las vacaciones en Mallorca.

12. El artículo 56.3 de la Constitución establece que:

a) El Rey no puede ser demandado ante la jurisdicción ordinaria.
b) La Familia Real no puede ser demandada civilmente.
c) La Familia Real no puede ser denunciado.
d) Ningún miembro de la Casa Real puede ser denunciado o demandado.

13. En relación con los actos del Rey:

a) Todos deben ser refrendados por Ministros, siempre y en todo caso.
b) Solamente deben ser refrendados cuando así lo pida el Rey.
c) Solamente deben ser refrendados cuando así lo pida el presidente del Gobierno.
d) Deben ser refrendados, excepto los relativos al nombramiento y cese de los miembros civiles y militares de la Casa Real.

14. Atendiendo a lo que dispone la Constitución:

a) Doña Elena debería ser la heredera al trono, ya que es la primogénita del Rey Juan Carlos.
b) En relación con la sucesión en el trono, es preferida la línea posterior a las anteriores.
c) En relación con la sucesión del trono, es preferida en la misma línea el varón a la mujer.
d) En relación con la sucesión del trono, es preferida en el mismo grado el varón a la mujer.

15. De acuerdo con la Constitución Española, si el primogénito del Rey es una niña y el segundo hijo un niño:

a) Le va a suceder en todo caso la niña.
b) Desde el reinado de Felipe VI, va a suceder la niña.
c) Le va a suceder el niño, por el mero hecho de ser varón.
d) El Rey va a decidir quién le debe suceder.

16. El Príncipe heredero:

a) Va a ser Príncipe de Asturias si es varón.
b) Va a ser Princesa de Girona si es mujer.
c) Siempre tendrá dignidad de Príncipe de Asturias desde su nacimiento o desde que se produzca el hecho que origine el llamamiento; pero no respecto el resto de los títulos.
d) Siempre tendrá dignidad de Príncipe de Asturias desde su nacimiento o desde que se produzca el hecho que origine el llamamiento; así como de los demás títulos vinculados tradicionalmente al sucesor de la Corona de España.

17. Extinguidas todas las líneas llamadas en Derecho:

a) El Rey decide quién va a ser el sucesor.
b) Se extingue la monarquía.
c) Las Cortes Generales proveerán a la sucesión en la Corona en la forma que más convenga a los intereses de España.
d) El Presidente proveerá a la sucesión en la Corona en la forma que más convenga a los intereses de España.

18. En el caso de que el heredero al trono contraiga matrimonio:

a) Si lo hiciera contra la expresa prohibición del Rey y de las Cortes Generales, quedará excluido en la sucesión a la Corona por sí y sus descendientes.
b) Debe obtener el expreso permiso de las Cortes Generales, con esto es suficiente.
c) No requiere del consentimiento ni beneplácito de nadie.
d) Debe obtener el consentimiento de la Reina.

19. ¿Cuál es la consecuencia del hecho que una persona con derecho a la sucesión en el trono contraiga matrimonio contra las prohibiciones que la ley establece?

a) Ninguna, se trata de una prohibición histórica no aplicable.
b) Va a quedar dicha persona excluida de la sucesión a la Corona, pero no habrá más consecuencias.
c) Va a quedar dicha persona excluida de la sucesión a la Corona, así como sus descendientes.
d) El cónyuge no se considerará consorte, aunque dicha persona podría reinar.

20. La abdicación del Rey:

a) Se resuelve a través de ley ordinaria.
b) Se resuelve a través de ley orgánica.
c) Se resuelve a través de una Ley del Senado.
d) Se resuelve a través de un Real Decreto ley del Poder Ejecutivo.

Solución al test n.º 2

1. c) Es el Jefe del Estado.

2. c) Rey de España.

3. d) Podrá utilizar todos los títulos que correspondan a la Corona.

4. c) Es símbolo de la unidad y permanencia del Estado español.

5. a) Es inviolable y no está sujeta a responsabilidad.

6. d) La Constitución Española establece que siempre deben ir refrendados, bajo pena de invalidez, excepto en determinados casos.

7. a) Es el primer artículo de la parte orgánica de la misma.

8. c) Tres.

9. a) La irresponsabilidad y la inviolabilidad.

10. c) El título de Rey es hereditario.

11. b) La propuesta, el nombramiento y el cese del Presidente del Gobierno.

12. a) El Rey no puede ser demandado ante la jurisdicción ordinaria.

13. d) Deben ser refrendados, excepto los relativos al nombramiento y cese de los miembros civiles y militares de la Casa Real.

14. d) En relación con la sucesión del trono, es preferida en el mismo grado el varón a la mujer.

15. c) Le va a suceder el niño, por el mero hecho de ser varón.

16. d) Siempre tendrá dignidad de Príncipe de Asturias desde su nacimiento o desde que se produzca el hecho que origine el llamamiento; así como de los demás títulos vinculados tradicionalmente al sucesor de la Corona de España.

17. c) Las Cortes Generales proveerán a la sucesión en la Corona en la forma que más convenga a los intereses de España.

18. a) Si lo hiciera contra la expresa prohibición del Rey y de las Cortes Generales, quedará excluido en la sucesión a la Corona por sí y sus descendientes.

19. c) Va a quedar dicha persona excluida de la sucesión a la Corona, así como sus descendientes.

20. b) Se resuelve a través de ley orgánica.

La Administración Pública en el ordenamiento jurídico español. Tipología de los entes públicos. Las Administraciones del Estado, Autonómica y Local

1. El Estado se organiza territorialmente en:

a) Municipios, comarcas y en las provincias que se constituyan.
b) Distritos, cabildos, comarcas, provincias y en las Comunidades Autónomas que se constituyan.
c) Municipios, provincias y en las Comunidades Autónomas que se constituyan.
d) Ciudades, provincias, comarcas y Comunidades Autónomas.

2. El Estado, velando por el establecimiento de un equilibrio económico, adecuado y justo, entre las diversas partes del territorio español, y atendiendo en particular a las circunstancias del hecho insular, garantiza la realización efectiva del principio de:

a) Igualdad.
b) Legalidad.
c) Solidaridad.
d) Justicia universal.

3. La Constitución garantiza expresamente en su artículo 140 la autonomía de:

a) Los municipios.
b) Las regiones.
c) Las comarcas.
d) Los territorios.

4. A tenor de la Constitución Española de 1978, ¿a quién corresponde el gobierno y administración de los municipios?

a) A sus respectivos Ayuntamientos, integrados por los Alcaldes y los Concejales.
b) A sus respectivos Ayuntamientos, integrados por los Alcaldes, Juntas de Gobierno Local y Concejales.

c) A sus Ayuntamientos, Concejales y vecinos.
d) A sus respectivos Alcaldes, Concejales y vecinos.

5. ¿Cómo serán elegidos los Concejales según dispone la Constitución Española?

a) Por el Alcalde o por los vecinos en la forma establecida en la ley.
b) Directamente por el Alcalde del municipio en la forma establecida en la ley.
c) Por los vecinos del municipio en la forma establecida por la ley.
d) Por el Alcalde con el respaldo de los vecinos.

6. ¿Cómo dispone la Constitución Española que serán elegidos los Alcaldes?

a) Siempre por los Concejales.
b) Únicamente por los vecinos mediante un sufragio universal, igual, libre, directo y secreto.
c) Por los Concejales o por los vecinos.
d) Por los Concejales mediante Acuerdo expreso.

7. La Constitución Española señala que cualquier alteración de los límites provinciales:

a) Habrá de ser aprobada por las Cortes Generales mediante ley orgánica.
b) Habrá de ser aprobada por el Congreso por mayoría absoluta.
c) Habrá de ser aprobada por el Gobierno en el plazo de 30 días desde la presentación de la propuesta.
d) Habrá de ser aprobada por el Congreso de los Diputados mediante ley orgánica.

8. El artículo 142 CE establece que las Haciendas Locales deberán disponer de los medios suficientes para el desempeño de las funciones que la ley atribuye a las Corporaciones respectivas y se nutrirán fundamentalmente de:

a) Tributos propios y de participación en los de las Comunidades Autónomas.
b) La participación en los tributos del Estado y de las Comunidades Autónomas.
c) Tributos propios y de participación en los del Estado y de las Comunidades Autónomas.
d) Tributos propios y de participación en los del Estado, de las Comunidades Autónomas y de las Diputaciones Provinciales.

9. ¿A quién corresponde la iniciativa del proceso autonómico según dispone la Constitución Española en el artículo 143.2?

a) Al órgano interinsular correspondiente.
b) A las Diputaciones interesadas cuando lo soliciten expresamente las dos terceras partes de sus miembros.
c) A las tres quintas partes de los municipios cuya población represente, al menos, la mayoría del censo electoral de cada provincia o isla.
d) A las tres cuartas partes de los municipios cuya población represente, al menos, la mayoría del censo electoral de cada provincia o isla y a todas las Diputaciones interesadas.

10. ¿En qué plazo deberán ser cumplidos los requisitos de iniciativa del proceso autonómico según lo dispuesto en el artículo 143.2 CE?

a) En el plazo de nueve meses desde el primer acuerdo adoptado al respecto por alguna de las Corporaciones locales interesadas.
b) En el plazo de seis meses desde el primer acuerdo adoptado al respecto por alguna de las Corporaciones locales interesadas.
c) En el plazo de tres meses desde el primer acuerdo adoptado al respecto por alguna de las Corporaciones locales interesadas.
d) En el plazo de tres meses desde el último acuerdo adoptado al respecto por alguna de las Corporaciones locales interesadas.

11. ¿En qué caso contempla la Carta Magna, en el Título VIII, Capítulo III, que será posible la federación de Comunidades Autónomas?

a) Cuando así se apruebe por la mayoría absoluta de ambas Cámaras.
b) Cuando se apruebe por mayoría de las Cortes Generales y sea aprobado en referéndum.
c) Cuando cuente con la aprobación del Congreso de los Diputados y sea ratificado en referéndum.
d) En ningún caso.

12. ¿Quiénes elaborarán, según dispone la Constitución Española, el proyecto de Estatuto de Autonomía?

a) Una asamblea compuesta por los miembros de la Diputación u órgano interinsular de las provincias afectadas.
b) Una asamblea compuesta por los miembros de la Diputación u órgano interinsular de las provincias afectadas y por los Diputados y Senadores elegidos en ellas.
c) Una asamblea compuesta por los Diputados y Senadores elegidos en ellas.
d) Una asamblea compuesta por los miembros de la Diputación de las provincias afectadas y por los Senadores elegidos en ellas.

13. ¿A quién elevará la asamblea encargada de elaborar el proyecto de Estatuto de Autonomía el mismo para su tramitación como ley?

a) Al Rey.
b) Al Presidente del Gobierno.
c) A las Cortes Generales.
d) Al Consejo de Ministros.

14. Las competencias exclusivas del Estado se recogen en la Constitución en el artículo:

a) 151.
b) 150.

c) 149.
d) 148.

15. ¿A quién corresponde el control de la actividad de los órganos de las Co-munidades Autónomas, en lo relativo a la administración autónoma y sus normas reglamentarias?

a) Al Gobierno, previo dictamen del Consejo de Estado.
b) Al Tribunal Constitucional.
c) Al Tribunal de Cuentas.
d) A la jurisdicción contencioso administrativa.

16. En principio, las competencias asumidas por las Comunidades Autónomas al amparo de lo dispuesto en el art. 148.1 de la Carta Magna, podrán ampliarse suce-sivamente, y mediante la reforma de sus Estatutos, dentro del marco establecido en el mismo texto constitucional, transcurridos:

a) Cinco años.
b) Cuatro años.
c) Tres años.
d) Dos años.

17. ¿Cuál de los siguientes extremos no debe aparecer obligatoriamente en un Estatuto de Autonomía?

a) La denominación, organización y sede de las instituciones autónomas propias.
b) La delimitación de su territorio.
c) Las competencias que pretendan asumir así como las bases para el traspaso de los servicios correspondientes a las mismas.
d) Las competencias asumidas dentro del marco establecido en la Constitución.

18. ¿Cuál de las siguientes materias, por ser exclusiva del Estado, no puede ser asumida, en principio, por las Comunidades Autónomas?

a) Legislación sobre propiedad intelectual e industrial.
b) Vigilancia y protección de sus edificios e instalaciones.
c) La gestión en materia de protección del medio ambiente.
d) Sanidad e higiene.

19. Las Comunidades Autónomas gozarán de autonomía financiera para el desa-rrollo y ejecución de sus competencias con arreglo a los principios de:

a) Igualdad entre todos los españoles y eficacia en el gasto.
b) Coordinación con la Hacienda estatal y transparencia en la gestión.
c) Solidaridad entre todos los españoles y coordinación con la Hacienda estatal.
d) Buena fe y confianza recíproca entre Administraciones Públicas.

20. Las Cortes Generales podrán, por motivos de interés nacional, autorizar la constitución de una Comunidad Autónoma cuando su ámbito territorial no supere el de una Provincia, carezca de entidad regional histórica y no sea insular, mediante:

a) Ley Orgánica.
b) Ley Ordinaria.
c) Reglamento.
d) Decreto-Ley.

En MADTEST tienes **más preguntas de este tema**, y todos tus avances quedan registrados y se reflejan en el ranking.

¡Supera tus límites con MADTEST!

Solución al test n.º 3

1. c) Municipios, provincias y en las Comunidades Autónomas que se constituyan.

2. c) Solidaridad.

3. a) Los municipios.

4. a) A sus respectivos Ayuntamientos, integrados por los Alcaldes y los Concejales.

5. c) Por los vecinos del municipio en la forma establecida por la ley.

6. c) Por los Concejales o por los vecinos.

7. a) Habrá de ser aprobada por las Cortes Generales mediante ley orgánica.

8. c) Tributos propios y de participación en los del Estado y de las Comunidades Autónomas.

9. a) Al órgano interinsular correspondiente.

10. b) En el plazo de seis meses desde el primer acuerdo adoptado al respecto por alguna de las Corporaciones locales interesadas.

11. d) En ningún caso.

12. b) Una asamblea compuesta por los miembros de la Diputación u órgano interinsular de las provincias afectadas y por los Diputados y Senadores elegidos en ellas.

13. c) A las Cortes Generales.

14. c) 149.

15. d) A la jurisdicción contencioso administrativa.

16. a) Cinco años.

17. c) Las competencias que pretendan asumir así como las bases para el traspaso de los servicios correspondientes a las mismas.

18. a) Legislación sobre propiedad intelectual e industrial.

19. c) Solidaridad entre todos los españoles y coordinación con la Hacienda estatal.

20. a) Ley Orgánica.

TEST N.º 4

El Estatuto de Autonomía para Andalucía: estructura y disposiciones generales. Competencias de la Comunidad Autónoma de Andalucía

1. Sobre los derechos sociales, deberes y políticas públicas trata el siguiente Título de nuestro Estatuto de Autonomía:

a) Preliminar.
b) Primero.
c) Tercero.
d) Quinto.

2. La sede de la capital de Andalucía se determina por el:

a) Parlamento de Andalucía.
b) Consejo de Gobierno de la Junta de Andalucía.
c) Propio Estatuto de Autonomía.
d) Presidente de la Junta de Andalucía.

3. Gozan de la condición política de andaluces los ciudadanos españoles que:

a) Hayan nacido en Andalucía.
b) Tengan vecindad administrativa en cualquiera de sus Municipios.
c) Reúnan necesariamente las dos condiciones anteriores.
d) Todos los anteriores y los que tengan ascendientes andaluces.

4. Según el artículo 1 del Estatuto de Autonomía, Andalucía es un/una:

a) Nación.
b) Región nacionalizada.
c) Estado dentro del conjunto del Estado español.
d) Nacionalidad histórica.

5. Respecto a los criterios básicos del Régimen Local, la Junta tiene competencia:

a) Exclusiva.
b) Compartida con el Estado.
c) Concurrente con el Estado.
d) De ningún tipo.

6. En materia de aguas, respecto a la planificación y gestión hidrológica de aprovechamientos hidráulicos intercomunitarios, la Junta de Andalucía tiene competencia:

a) De ejecución de la legislación estatal.
b) Exclusiva.
c) De participación en las mismas.
d) De ningún tipo.

7. En materia de expropiación forzosa, la Junta de Andalucía tiene competencia:

a) Exclusiva.
b) De ningún tipo.
c) Ejecutiva.
d) Compartida.

8. La planificación de la actividad económica andaluza es competencia:

a) Exclusiva de la Junta de Andalucía.
b) Exclusiva de acuerdo con las bases y la ordenación de la actuación económica general.
c) Ejecutiva.
d) Delegada.

9. Respecto de las decisiones sobre inversiones en bienes y equipamientos culturales de titularidad estatal en Andalucía, la Junta de Andalucía:

a) Tiene competencia exclusiva en cuanto a su iniciativa.
b) Ejecuta las mismas.
c) No tiene competencia alguna.
d) Participará en las mismas.

10. La política de suelo y vivienda es competencia de la Junta de Andalucía:

a) Exclusiva.
b) Compartida.
c) De transferencia.
d) Delegada.

11. La Junta de Andalucía tiene competencia exclusiva en materia de:

a) Establecimiento de planes de estudio, incluida la ordenación curricular.
b) Productos farmacéuticos.
c) Caza.
d) Derecho de reversión en las expropiaciones urbanísticas.

12. La Junta de Andalucía tiene competencia de ejecución de la legislación estatal en materia de:

a) Seguridad privada.
b) Planificación de la actividad económica.
c) Agricultura y ganadería.
d) Las respuestas a) y b) son correctas.

13. Tiene la Junta de Andalucía competencia compartida en materia de:

a) Aprovechamientos agroforestales.
b) Denominaciones de calidad.
c) Planificación del sector pesquero.
d) En todo lo anterior tiene dicho tipo de competencia.

14. La participación por la Junta de Andalucía en los procesos de designación de miembros de los organismos económicos y sociales del Estado de carácter económico y social, en los términos que establezcan la Constitución y la legislación estatal aplicable, se atribuye originariamente al:

a) Presidente de la Junta de Andalucía.
b) Consejo de Gobierno de la Junta de Andalucía.
c) Consejero de la Junta de Andalucía a cuyo ámbito de competencias afecte la actuación del organismo de que se trate.
d) Parlamento de Andalucía.

15. Respecto a la organización y estructura de sus Organismos Autónomos, la Junta de Andalucía tiene competencia:

a) Exclusiva.
b) De ejecución sólo.
c) De desarrollo legislativo y ejecución.
d) Transferida por el Estado.

16. La regulación por la Junta de Andalucía de la distribución de los excedentes y de la obra social de las Cajas de Ahorros, forma parte de una competencia:

a) Exclusiva.
b) De ejecución sólo.

c) Compartida.
d) Que no tiene.

17. En cuanto a la gestión del régimen económico de la Seguridad Social, la Junta de Andalucía:

a) Con carácter ejecutivo, la tiene encomendada.
b) La regula y lleva a efecto.
c) No tiene competencia alguna.
d) Nada de lo anterior es cierto.

18. Sobre la convocatoria por ella misma o por los Entes Locales en el ámbito de sus competencias de encuestas, audiencias públicas y cualquier instrumento de consulta popular tiene la Junta de Andalucía competencia:

a) Exclusiva.
b) Compartida.
c) Sólo la ejecución.
d) De ningún tipo.

19. La Junta de Andalucía tiene competencia exclusiva en materia de juego:

a) En ningún caso.
b) Siempre.
c) Cuando la actividad se desarrolle exclusivamente en Andalucía.
d) Cuando no sean de tipo informático o telemático.

20. En el caso de que la Junta de Andalucía cree un Cuerpo de Policía Autonómica:

a) Se nutrirá de miembros de las Policías Locales de su territorio.
b) Asumirá, en Andalucía, las funciones de los Cuerpos y Fuerzas de Seguridad del Estado.
c) Dependerá, en último extremo, del Ministerio del Interior.
d) Nada de lo anterior es correcto.

En MADTEST tienes **más preguntas de este tema**, y todos tus avances quedan registrados y se reflejan en el ranking.

¡Supera tus límites con MADTEST!

Solución al test n.º 4

1. b) Primero.

2. c) Propio Estatuto de Autonomía.

3. b) Tengan vecindad administrativa en cualquiera de sus Municipios.

4. d) Nacionalidad histórica.

5. d) De ningún tipo.

6. c) De participación en las mismas.

7. c) Ejecutiva.

8. b) Exclusiva de acuerdo con las bases y la ordenación de la actuación económica general.

9. d) Participará en las mismas.

10. a) Exclusiva.

11. c) Caza.

12. a) Seguridad privada.

13. c) Planificación del sector pesquero.

14. d) Parlamento de Andalucía.

15. a) Exclusiva.

16. c) Compartida.

17. a) Con carácter ejecutivo, la tiene encomendada.

18. a) Exclusiva.

19. c) Cuando la actividad se desarrolle exclusivamente en Andalucía.

20. d) Nada de lo anterior es correcto.

La Provincia. Organización: órganos necesarios y complementarios de las Diputaciones Provinciales. Sistema de elección de los/las Diputados/as y del/la Presidente/a. El Municipio. Organización Municipal. Competencias. Autonomía Municipal

1. Funcionan en régimen de Concejo Abierto:

a) Los municipios de menos de 200 habitantes.
b) Los municipios de menos de 300 habitantes.
c) Los municipios de menos de 500 habitantes.
d) Los municipios que tradicional y voluntariamente cuenten con ese singular régimen de gobierno y administración.

2. La organización municipal responde a las siguientes reglas:

a) El Alcalde, los Tenientes de Alcalde y el Pleno existen en todos los Ayuntamientos.
b) El Alcalde, la Junta de Gobierno y el Pleno existen en todos los Ayuntamientos.
c) El Alcalde y el Pleno existen en todos los Ayuntamientos.
d) El Alcalde y la Junta de Gobierno existen en todos los Ayuntamientos.

3. La Comisión Especial de Cuentas:

a) Existe en todos los municipios.
b) Existe en los municipios en que así se acuerde.
c) Existe en los municipios de más de 1000 habitantes.
d) Ninguna de las respuestas es correcta.

4. De acuerdo con la Ley Orgánica de Régimen Electoral será proclamado alcalde electo:

a) El Concejal que haya obtenido la mayoría simple de los votos de los concejales.
b) El Concejal que encabece la lista que haya obtenido mayor número de votos populares.

c) El Concejal que haya obtenido la mayoría absoluta de los votos de los concejales.
d) El Concejal que haya ganado el sorteo.

5. Los alcaldes tendrán tratamiento de:

a) Ilustrísima en los municipios de Madrid y Barcelona.
b) Excelencia en los municipios que sean capitales de provincia.
c) Señoría en los municipios que no sean capitales de provincia ni las ciudades de Madrid y Barcelona.
d) Ilustrísima en todos los municipios.

6. La cuestión de confianza a la que podrá ser sometido el Alcalde se puede vincular a:

a) La aprobación o modificación de los Presupuestos anuales.
b) La aprobación o modificación del Reglamento Orgánico.
c) La aprobación o modificación de las Ordenanzas Fiscales.
d) Todas las respuestas son verdaderas.

7. No es una atribución del Alcalde:

a) Aprobar la oferta de empleo público.
b) La aprobación del reglamento orgánico y de las ordenanzas.
c) Dictar Bandos.
d) Ejercer la jefatura de la Policía Municipal.

8. Es una atribución del Pleno del Ayuntamiento:

a) La alteración de la calificación jurídica de los bienes de dominio público.
b) La aprobación inicial de las leyes.
c) Desempeñar la jefatura superior de todo el personal.
d) Ordenar la publicación, ejecución y hacer cumplir los acuerdos del Ayuntamiento.

9. La Junta de Gobierno Local se integra por el Alcalde y un número de Concejales:

a) No superior al tercio del número legal de los mismos.
b) No superior a la mitad del número legal de los mismos.
c) No superior a dos tercios del número legal de los mismos.
d) Ninguna de las respuestas es correcta.

10. El régimen peculiar para los Municipios de gran población será aplicable:

a) A los municipios que sean capitales autonómicas.
b) A los municipios cuya población supere los 50.000 habitantes.
c) A los municipios cuya población supere los 150.000 habitantes.
d) Las respuestas a) y b) son correctas.

11. En los municipios de gran población corresponde a la Junta de Gobierno:

a) La aprobación y modificación de las ordenanzas y reglamentos municipales.
b) La aprobación del proyecto de presupuesto.
c) Los acuerdos relativos a la participación en organizaciones supramunicipales.
d) Dictar bandos, decretos e instrucciones.

12. En los municipios de gran población tendrán la consideración de órganos directivos:

a) El Alcalde.
b) El titular de la asesoría jurídica.
c) Los miembros de la Junta de Gobierno Local.
d) Las respuestas a) y c) son correctas.

13. En los municipios de gran población para la defensa de los derechos de los vecinos ante la Administración municipal el Pleno creará:

a) Un órgano de gestión económico-financiera.
b) Una Comisión especial de Sugerencias y Reclamaciones.
c) Un órgano para la resolución de las reclamaciones económico-administrativas.
d) Un órgano de gestión tributaria.

14. En los municipios de gran población el dictamen sobre los proyectos de ordenanzas fiscales corresponderá a:

a) Un órgano de gestión económico-financiera.
b) Una Comisión especial de Sugerencias y Reclamaciones.
c) Un órgano para la resolución de las reclamaciones económico-administrativas.
d) Un órgano de gestión tributaria.

15. El Municipio no ejercerá como competencia propia:

a) Tráfico, estacionamiento de vehículos y movilidad.
b) Abastecimiento de agua potable a domicilio.
c) Administración de Justicia.
d) Cementerios y actividades funerarias.

16. El servicio de transporte colectivo urbano de viajeros deberá prestarse en todo caso:

a) En los Municipios con población superior a 5.000 habitantes.
b) En todos los Municipios.
c) En los Municipios con población superior a 50.000 habitantes.
d) En los Municipios con población superior a 20.000 habitantes.

17. El servicio de prevención y extinción de incendios deberá prestarse en todo caso:

a) En los Municipios con población superior a 50.000 habitantes.
b) En los Municipios con población superior a 5.000 habitantes.
c) En los Municipios con población superior a 20.000 habitantes.
d) En todos los Municipios.

18. El servicio de recogida de residuos deberá prestarse en todo caso:

a) En los Municipios con población superior a 20.000 habitantes.
b) En los Municipios con población superior a 5.000 habitantes.
c) En todos los Municipios.
d) En los Municipios con población superior a 50.000 habitantes.

19. La organización municipal complementaria que establezca una Comunidad Autónoma con carácter general, respecto a los Municipios de la misma:

a) Se aplica preferentemente a la establecida con tal carácter por el Estado.
b) Se aplica preferentemente a la establecida por el Reglamento Orgánico de cada Municipio.
c) Se aplica después de la del Estado y la del Reglamento Orgánico.
d) Las respuestas a) y b) son ciertas.

20. La elección de un Alcalde, tras unas elecciones locales, se efectúa:

a) Directamente en las elecciones locales.
b) En sesión extraordinaria al efecto.
c) En la sesión constitutiva de la Corporación.
d) Por los vecinos exclusivamente.

En MADTEST tienes **más preguntas de este tema**, y todos tus avances quedan registrados y se reflejan en el ranking.

¡Supera tus límites con MADTEST!

Solución al test n.º 5

1. d) Los municipios que tradicional y voluntariamente cuenten con ese singular régimen de gobierno y administración.

2. a) El Alcalde, los Tenientes de Alcalde y el Pleno existen en todos los Ayuntamientos.

3. a) Existe en todos los municipios.

4. c) El Concejal que haya obtenido la mayoría absoluta de los votos de los concejales.

5. c) Señoría en los municipios que no sean capitales de provincia ni las ciudades de Madrid y Barcelona.

6. d) Todas las respuestas son verdaderas.

7. b) La aprobación del reglamento orgánico y de las ordenanzas.

8. a) La alteración de la calificación jurídica de los bienes de dominio público.

9. a) No superior al tercio del número legal de los mismos.

10. a) A los municipios que sean capitales autonómicas.

11. b) La aprobación del proyecto de presupuesto.

12. b) El titular de la asesoría jurídica.

13. b) Una Comisión especial de Sugerencias y Reclamaciones.

14. c) Un órgano para la resolución de las reclamaciones económico-administrativas.

15. c) Administración de Justicia.

16. c) En los Municipios con población superior a 50.000 habitantes.

17. c) En los Municipios con población superior a 20.000 habitantes.

18. c) En todos los Municipios.

19. b) Se aplica preferentemente a la establecida por el Reglamento Orgánico de cada Municipio.

20. c) En la sesión constitutiva de la Corporación.

Los derechos de los ciudadanos ante la Administración Pública. Consideración especial del interesado. Colaboración y participación de los ciudadanos en la Administración

1. ¿A qué capacidad se refiere el art. 3 de la Ley 39/2015, de 1 de diciembre, en relación con las personas físicas?

a) A la capacidad jurídica.
b) A la capacidad para ser titular de derechos subjetivos.
c) A la capacidad para ser titular de deberes jurídicos.
d) A la capacidad de obrar.

2. Los menores de edad, ¿tienen capacidad de obrar ante las Administraciones Públicas?

a) Sí, en todo caso, para el ejercicio y defensa de aquellos de sus derechos e intereses cuya actuación esté permitida por el ordenamiento jurídico sin la asistencia de la persona que ejerza la patria potestad, tutela o curatela.
b) No, en ningún caso; únicamente tendrán capacidad de obrar ante las Administraciones Públicas, las personas físicas mayores de edad no incapacitadas.
c) Sí, para el ejercicio y defensa de aquellos de sus derechos e intereses cuya actuación esté permitida por el ordenamiento jurídico sin la asistencia de la persona que ejerza la patria potestad, tutela o curatela, aunque sean menores incapacitados, siempre que la extensión de la incapacitación no afecte al ejercicio y defensa de los derechos o intereses de que se trate.
d) Sí, excepto los menores incapacitados.

3. Excepto el supuesto previsto por el artículo 3.b) de la Ley 39/2015, de 1 de octubre, los menores de edad no tienen capacidad de obrar ante las Administraciones Públicas, y necesitan de la asistencia de la persona que ejerza la patria potestad, tutela o curatela. En relación con la patria potestad, señala cuál de los siguientes enunciados es incorrecto:

a) La patria potestad, como responsabilidad parental, se ejercerá siempre en interés de los hijos, de acuerdo con su personalidad, y con respeto a sus derechos, su integridad física y mental.
b) El ejercicio de la patria potestad comprende representar a sus hijos y administrar sus bienes.

c) Los hijos emancipados están bajo la patria potestad de los progenitores.

d) Si los hijos tuvieren suficiente madurez deberán ser oídos siempre antes de adoptar decisiones que les afecten.

4. ¿Quiénes de los siguientes están sujetos a tutela?

a) Los menores emancipados que estén bajo la patria potestad.

b) Los menores no emancipados que no estén bajo la patria potestad.

c) Los menores emancipados que no estén bajo la patria potestad.

d) Los hijos no emancipados.

5. ¿Cuál de las siguientes características se vincula con la institución de la curatela del menor a que hace referencia el art. 3.b) de la Ley 39/2015, de 1 de octubre?

a) El curador no cuida de la persona sujeta a curatela, sino de su patrimonio.

b) La función del curador es la de complementar la capacidad del menor en todos aquellos actos o negocios jurídicos que no puede realizar por sí mismo.

c) El curador tiene cura de la persona sujeta a curatela, pero no de su patrimonio.

d) El curador tiene cura de la persona sujeta a curatela y de su patrimonio.

6. Los patrimonios independientes o autónomos, ¿tienen capacidad de obrar ante las Administraciones Públicas?

a) Sí.

b) No.

c) Siempre que la ley así lo declare expresamente.

d) Los patrimonios independientes o autónomos tienen reconocida capacidad jurídica ante las Administraciones Públicas en aplicación del artículo 3 de la Ley 39/2015, de 1 de octubre.

7. Tendrán capacidad de obrar ante las Administraciones Públicas las personas jurídicas que ostenten capacidad de obrar con arreglo a las normas civiles. ¿En qué momento adquirirán esta capacidad?

a) Desde el instante mismo en que, con arreglo a derecho, hubiesen quedado válidamente constituidas.

b) Las personas jurídicas adquirirán su capacidad de obrar en los mismos términos que las personas físicas.

c) En el momento en que finalice su personalidad.

d) Las personas jurídicas no tienen capacidad de obrar ante las Administraciones Públicas sino capacidad jurídica.

8. En aplicación del art. 3 de la Ley 39/2015, de 1 de octubre, NO tendrán capacidad de obrar ante las Administraciones Públicas:

a) Las personas físicas incapacitadas.

b) Las personas jurídicas que ostenten capacidad de obrar con arreglo a las normas civiles.

c) Los menores de edad para el ejercicio y defensa de aquellos de sus derechos e intereses cuya actuación esté permitida por el ordenamiento jurídico sin la asistencia de la persona que ejerza la patria potestad, tutela o curatela.

d) Las asociaciones de interés público reconocidas por la ley.

9. ¿Una persona declarada pródiga tiene capacidad de obrar plena ante las Administraciones Públicas?

a) Sí; las personas físicas tienen capacidad de obrar ante las Administraciones Públicas.

b) No; puede estar sujeta a tutela.

c) No; puede estar sujeta a curatela.

d) No; está sujeta a la patria potestad de sus progenitores.

10. La Ley 40/2015, de 1 de octubre, de régimen jurídico del sector público, ¿establece alguna regulación sobre la capacidad de obrar de los interesados ante las Administraciones Públicas?

a) Sí, en su artículo 3.

b) Sí, en tanto la Ley 40/2015, de 1 de octubre, tiene por objeto regular el procedimiento administrativo común a todas las Administraciones Públicas.

c) No, en tanto la Ley 40/2015, de 1 de octubre, únicamente tiene por objeto regular los principios a los que se ha de ajustar el ejercicio de la iniciativa legislativa y la potestad reglamentaria.

d) No.

11. En un procedimiento de expropiación forzosa, una persona reclama para sí la titularidad de una parcela que no está a su nombre; ¿tendrá la consideración de persona interesada en el procedimiento administrativo?

a) Sí, en aplicación del artículo 4.1.a) de la Ley 39/2015, de 1 de octubre.

b) Sí, en aplicación del artículo 4.1.b) de la Ley 39/2015, de 1 de octubre.

c) Sí, en aplicación del artículo 4.1.c) de la Ley 39/2015, de 1 de octubre.

d) No, en tanto el procedimiento lo ha promovido la Administración y no la persona interesada.

12. En un procedimiento de expropiación forzosa, el titular de un bien inmueble objeto de expropiación, ¿tendrá la consideración de interesado en el procedimiento administrativo?

a) Sí, en aplicación del artículo 4.1.a) de la Ley 39/2015, de 1 de octubre.

b) Sí, en aplicación del artículo 4.1.b) de la Ley 39/2015, de 1 de octubre.

c) Sí, en aplicación del artículo 4.1.c) de la Ley 39/2015, de 1 de octubre.

d) Sí, en aplicación del artículo 4.2 de la Ley 39/2015, de 1 de octubre.

13. ¿Qué interés se reconocería a los Colegios Profesionales para intervenir en el procedimiento de homologación de títulos obtenidos en el extranjero?

a) Interés legítimo individual de cada uno de los profesionales que integran los Colegios Profesionales.
b) Derechos subjetivos de los poseedores de los títulos que van a ser objeto de homologación.
c) Intereses legítimos colectivos.
d) Intereses sociales.

14. La titular de un establecimiento de restauración en Benidorm, quiere solicitar al Ayuntamiento una autorización para proceder a la ocupación de un espacio de uso público con mesas, sillas y sombrillas para su negocio. ¿Tendrá la consideración de interesada en el procedimiento administrativo de autorización?

a) Sí, en aplicación del artículo 4.1.a) de la Ley 39/2015, de 1 de octubre.
b) Sí, en aplicación del artículo 4.1.b) de la Ley 39/2015, de 1 de octubre.
c) Sí, en aplicación del artículo 4.1.c) de la Ley 39/2015, de 1 de octubre.
d) Sí, en aplicación del artículo 4.2 de la Ley 39/2015, de 1 de octubre.

15. La titular de un establecimiento de restauración en Benidorm, quiere solicitar al Ayuntamiento una autorización para proceder a la ocupación de un espacio de uso público con mesas, sillas y sombrillas para su negocio y fallece antes de que el Ayuntamiento le conceda la correspondiente autorización de ocupación, ¿puede su hijo sucederla en la condición de interesado?

a) No, en tanto las autorizaciones de ocupación se conceden con carácter personal.
b) No, en tanto las autorizaciones de ocupación no pueden ser cedidas a terceros.
c) Sí, en tanto se trata de una relación jurídica transmisible.
d) Sí, como legítimo heredero.

16. Un Ayuntamiento procede a iniciar un procedimiento sancionador por una presunta infracción de una ordenanza municipal. ¿Qué precepto de la Ley 39/2015, de 1 de octubre, otorga al presunto infractor la condición de interesado en el procedimiento?

a) El artículo 4.1.b) de la Ley 39/2015, de 1 de octubre.
b) El artículo 4.1.c) de la Ley 39/2015, de 1 de octubre.
c) El artículo 4.2 de la Ley 39/2015, de 1 de octubre.
d) El artículo 4.3 de la Ley 39/2015, de 1 de octubre.

17. La relación jurídica establecida entre el Ayuntamiento y un ciudadano, como presunto infractor de una ordenanza municipal:

a) Tiene la consideración de relación jurídica transmisible, lo que determina que el derecho-habiente sucederá en la condición de interesado del presunto infractor.
b) No tiene la consideración de relación jurídica.

c) Queda fuera de la regulación establecida por la Ley 39/2015, de 1 de octubre, en tanto le será de aplicación la ordenanza municipal correspondiente.

d) No tiene la consideración de relación jurídica transmisible.

18. Según dispone el art. 5.1 de la Ley 39/2015, de 1 de octubre, podrán actuar por medio de representante, entendiéndose con este las actuaciones administrativas, salvo manifestación expresa en contra del interesado:

a) Los interesados que, sin haber iniciado el procedimiento administrativo, tengan derechos que puedan resultar afectados por la decisión que en el mismo se adopte.

b) Las personas físicas con capacidad jurídica que hayan promovido el procedimiento administrativo como titulares de derechos o intereses legítimos.

c) Los interesados con capacidad de obrar.

d) Las personas físicas o jurídicas y las asociaciones y organizaciones representativas de intereses económicos y sociales.

19. ¿Quién NO puede actuar en representación ante las Administraciones Públicas?

a) Las personas físicas con capacidad de obrar.

b) Las corporaciones, asociaciones y fundaciones de interés público reconocidas por la ley, siempre que ello esté previsto en sus Estatutos.

c) Las asociaciones de interés particular, siempre que ello esté previsto en sus Estatutos.

d) Las personas físicas menores de edad.

20. ¿En cuál de los siguientes casos NO será necesario acreditar la representación cuando se realice en nombre de otra persona?

a) Para presentar documentos que acompañen a la solicitud.

b) Para presentar un documento suscrito por un interesado en el que este manifiesta, bajo su responsabilidad, que cumple con los requisitos establecidos en la normativa vigente para obtener el reconocimiento de un derecho o facultad o para su ejercicio, que dispone de la documentación que así lo acredita, que la pondrá a disposición de la Administración cuando le sea requerida, y que se compromete a mantener el cumplimiento de las anteriores obligaciones durante el período de tiempo inherente a dicho reconocimiento o ejercicio.

c) Para interponer un recurso extraordinario de revisión.

d) Para desistir de la solicitud.

En MADTEST tienes **más preguntas de este tema**, y todos tus avances quedan registrados y se reflejan en el ranking.

¡Supera tus límites con MADTEST!

Solución al test n.º 6

1. d) A la capacidad de obrar.

2. c) Sí, para el ejercicio y defensa de aquellos de sus derechos e intereses cuya actuación esté permitida por el ordenamiento jurídico sin la asistencia de la persona que ejerza la patria potestad, tutela o curatela, aunque sean menores incapacitados, siempre que la extensión de la incapacitación no afecte al ejercicio y defensa de los derechos o intereses de que se trate.

3. c) Los hijos emancipados están bajo la patria potestad de los progenitores.

4. b) Los menores no emancipados que no estén bajo la patria potestad.

5. b) La función del curador es la de complementar la capacidad del menor en todos aquellos actos o negocios jurídicos que no puede realizar por sí mismo.

6. c) Siempre que la ley así lo declare expresamente.

7. a) Desde el instante mismo en que, con arreglo a derecho, hubiesen quedado válidamente constituidas.

8. a) Las personas físicas incapacitadas.

9. c) No; puede estar sujeta a curatela.

10. d) No.

11. c) Sí, en aplicación del artículo 4.1.c) de la Ley 39/2015, de 1 de octubre.

12. b) Sí, en aplicación del artículo 4.1.b) de la Ley 39/2015, de 1 de octubre.

13. c) Intereses legítimos colectivos.

14. a) Sí, en aplicación del artículo 4.1.a) de la Ley 39/2015, de 1 de octubre.

15. c) Sí, en tanto se trata de una relación jurídica transmisible.

16. a) El artículo 4.1.b) de la Ley 39/2015, de 1 de octubre.

17. d) No tiene la consideración de relación jurídica transmisible.

18. c) Los interesados con capacidad de obrar.

19. d) Las personas físicas menores de edad.

20. a) Para presentar documentos que acompañen a la solicitud.

Ley Prevención de Riesgos Laborales. Definiciones.
Derecho a la protección frente a los riesgos laborales.
Principios de la acción preventiva

1. El ámbito de aplicación de la regulación actual en materia de seguridad y salud en el trabajo:

a) Únicamente se aplica a las relaciones laborales reguladas por el Texto Refundido de la Ley del Estatuto de los Trabajadores.

b) Se aplica a las relaciones laborales reguladas por el Texto Refundido de la Ley del Estatuto de los Trabajadores, pero no a las relaciones de carácter administrativo o estatutario del personal civil al servicio de las Administraciones Públicas.

c) Se aplicará, sin particularidad alguna, en los centros y establecimientos militares, y en los establecimientos penitenciarios.

d) Se aplica a las relaciones laborales reguladas por el Texto Refundido de la Ley del Estatuto de los Trabajadores, así como a las relaciones de carácter administrativo o estatutario del personal civil al servicio de las Administraciones Públicas.

2. La normativa de riesgos laborales no será de aplicación:

a) A los fabricantes, importadores y suministradores, y trabajadores autónomos, sin perjuicio de sus obligaciones específicas.

b) A las sociedades cooperativas, en las que existan socios con prestación de su trabajo personal, con las peculiaridades derivadas de su normativa específica.

c) A los establecimientos penitenciarios.

d) A aquellas actividades cuyas particularidades lo impidan en el ámbito de las funciones públicas de policía, seguridad y resguardo aduanero.

3. La regulación actual tiene un ámbito de aplicación referido a:

a) Las relaciones laborales excluidas por el Texto Refundido de la Ley del Estatuto de los Trabajadores.

b) Las relaciones de carácter administrativo del personal civil al servicio de las Administraciones Públicas, pero no el personal estatutario.

c) Los fabricantes e importadores, pero no los suministradores.

d) Sin perjuicio de los derechos y obligaciones que puedan derivarse para los trabajadores autónomos, sin perjuicio de sus obligaciones específicas.

4. La relación laboral de carácter especial del servicio del hogar familiar:

a) Está expresamente excluida de la aplicación de la normativa de riesgos laborales.

b) Se adaptará a la Ley de Prevención de Riesgos Laborales en aquellas actividades cuyas características justifiquen una regulación especial.

c) Está expresamente incluida en el ámbito de aplicación de la Ley, a todos los efectos.

d) La Ley 31/1995 se limita a reconocer el derecho de estas personas trabajadoras a una protección eficaz en materia de seguridad y salud en el trabajo.

5. Según la Ley de Prevención de Riesgos Laborales, la posibilidad de que un trabajador sufra un determinado daño derivado del trabajo constituye:

a) Riesgo laboral.

b) Daño derivado del trabajo.

c) Prevención.

d) Condición de trabajo.

6. Si queremos calificar el riesgo en cuanto a su mayor o menor grado de gravedad, se ha de valorar:

a) La posibilidad de que el riesgo sea inminente.

b) La probabilidad de que se produzca el daño y la severidad del mismo (valoración conjunta).

c) La probabilidad de que el riesgo se convierta en daño, con independencia de que este sea o no muy severo.

d) Exclusivamente el coste económico de las consecuencias producidas cuando se materializa el daño.

7. Para la Ley de Prevención de Riesgos Laborales cualquier máquina, aparato, instrumento o instalación utilizada en el trabajo es:

a) Un equipo de protección individual.

b) Un medio de protección colectiva.

c) Un equipo de trabajo.

d) Un riesgo laboral grave o inminente.

8. Por "condición de trabajo" se entiende:

a) Las enfermedades, patologías o lesiones sufridas con motivo u ocasión del trabajo.

b) Los procesos, actividades, operaciones, equipos o productos "potencialmente peligrosos".

c) Cualquier característica del trabajo que pueda tener una influencia significativa en la generación de riesgos para la seguridad y salud del trabajador.

d) Cualquier máquina, aparato, instrumento o instalación utilizada en el trabajo.

9. ¿Cómo define la Ley 31/1995, de 8 de noviembre, a cualquier complemento o accesorio destinado a proteger al trabajador de uno o varios riesgos que puedan amenazar su seguridad o su salud en el trabajo?

a) Equipo de protección ante riesgos.
b) Equipo de protección individual.
c) Equipo individual de seguridad.
d) Equipo de seguridad laboral.

10. La posibilidad de que un trabajador sufra un determinado daño derivado del trabajo es definida por la Ley 31/1995, de 8 de noviembre, de Prevención de Riesgos Laborales, como:

a) Peligro laboral.
b) Exposición a accidentes.
c) Contingencia laboral.
d) Riesgo laboral.

11. Según el artículo 4 de la Ley 31/1995, de 8 de noviembre, de Prevención de Riesgos Laborales, ¿qué es definido como la posibilidad de que un trabajador sufra un determinado daño derivado del trabajo?

a) Riesgo laboral.
b) Prevención.
c) Daños derivados del trabajo.
d) Evaluación de riesgos.

12. ¿Cómo considera la Ley 31/1995, de 8 de noviembre, de Prevención de Riesgos Laborales, a las enfermedades, patologías o lesiones sufridas con motivo u ocasión del trabajo?

a) Daños derivados del trabajo.
b) Consecuencias derivadas del trabajo.
c) Daños colaterales laborales.
d) Riesgos derivados del trabajo.

13. La Ley 31/1995, de 8 de noviembre, de Prevención de Riesgos Laborales, define a cualquier máquina, aparato, instrumento o instalación utilizada en el trabajo, como:

a) Útiles de trabajo.
b) Equipo de trabajo.

c) Herramientas de trabajo.
d) Maquinaria de trabajo.

14. ¿Cómo define la Ley 31/1995, de 8 de noviembre, a cualquier equipo destinado a ser llevado o sujetado por el trabajador para que le proteja de uno o varios riesgos que puedan amenazar su seguridad o su salud en el trabajo?

a) Equipo de protección ante riesgos.
b) Equipo de protección individual.
c) Equipo individual de seguridad.
d) Equipo de seguridad laboral.

15. Se entenderá como riesgo laboral grave e inminente aquel que resulte:

a) Seguro racionalmente que se materialice en un futuro inmediato y pueda suponer un daño para la salud de los trabajadores.
b) Seguro racionalmente que se materialice en un futuro inmediato y pueda suponer un daño grave para la salud de los trabajadores.
c) Probable racionalmente que se materialice en un futuro inmediato y pueda suponer un daño grave para la salud de los trabajadores.
d) Probable racionalmente que se materialice en un futuro inmediato y pueda suponer un daño para la salud de los trabajadores.

16. Aquellos procesos, actividades, operaciones, equipos o productos que, en ausencia de medidas preventivas específicas, originen riesgos para la seguridad y la salud de los trabajadores que los desarrollan o utilizan, son considerados por la Ley 31/1995, de 8 de noviembre, como:

a) Sumamente peligrosos.
b) Peligrosos.
c) Altamente peligrosos.
d) Potencialmente peligrosos.

17. Se considerarán como daños derivados del trabajo:

a) Cualquier lesión que sufra el trabajador en su vida diaria.
b) Las enfermedades, patologías o lesiones sufridas con motivo u ocasión del trabajo.
c) Los accidentes y enfermedades que pueda sufrir un trabajador.
d) Las enfermedades profesionales y riesgos no laborales.

18. Se entiende por riesgo laboral grave e inminente:

a) Aquel que resulte probable racionalmente que se materialice en un futuro mediato y pueda suponer un daño grave para la salud de los trabajadores.
b) Aquel que resulte probable racionalmente que se materialice en un futuro inmediato y pueda suponer un daño grave para la salud de los trabajadores.

c) Aquel que resulte cierto racionalmente que se materialice en un futuro inmediato y pueda suponer un daño grave para la salud de los trabajadores.

d) Aquel que resulte probable racionalmente que se materialice en un futuro inmediato o pueda suponer un daño grave la salud de los trabajadores.

19. Se entenderán como procesos, actividades, operaciones, equipos o productos potencialmente peligrosos aquellos que:

a) Originen riesgos para la seguridad y la salud de los trabajadores que los desarrollan o utilizan, en ausencia de medidas preventivas específicas.

b) Originen riesgos para la seguridad y la salud de los trabajadores que los desarrollan o utilizan, en ausencia de medidas preventivas generales o específicas.

c) Originen riesgos para la seguridad y la salud de los trabajadores que los desarrollan o utilizan, aunque existan medidas preventivas generales.

d) Originen riesgos para la seguridad y la salud de los trabajadores que los desarrollan o utiliza, aunque existan medidas preventivas específicas.

20. A efectos de la Ley 31/1995, de 8 de noviembre, de Prevención de Riesgos Laborales, es definido como el conjunto de actividades o medidas adoptadas o previstas en todas las fases de actividad de la empresa con el fin de evitar o disminuir los riesgos derivados del trabajo:

a) Equipo de protección individual (EPI).
b) Condición de trabajo.
c) Prevención.
d) Equipo de trabajo.

En MADTEST tienes **más preguntas de este tema**, y todos tus avances quedan registrados y se reflejan en el ranking.

¡Supera tus límites con MADTEST!

Solución al test n.º 7

1. d) Se aplica a las relaciones laborales reguladas por el Texto Refundido de la Ley del Estatuto de los Trabajadores, así como a las relaciones de carácter administrativo o estatutario del personal civil al servicio de las Administraciones Públicas.

2. d) A aquellas actividades cuyas particularidades lo impidan en el ámbito de las funciones públicas de policía, seguridad y resguardo aduanero.

3. d) Sin perjuicio de los derechos y obligaciones que puedan derivarse para los trabajadores autónomos, sin perjuicio de sus obligaciones específicas.

4. d) La Ley 31/1995 se limita a reconocer el derecho de estas personas trabajadoras a una protección eficaz en materia de seguridad y salud en el trabajo.

5. a) Riesgo laboral.

6. b) La probabilidad de que se produzca el daño y la severidad del mismo (valoración conjunta).

7. c) Un equipo de trabajo.

8. c) Cualquier característica del trabajo que pueda tener una influencia significativa en la generación de riesgos para la seguridad y salud del trabajador.

9. b) Equipo de protección individual.

10. d) Riesgo laboral.

11. a) Riesgo laboral.

12. a) Daños derivados del trabajo.

13. b) Equipo de trabajo.

14. b) Equipo de protección individual.

15. c) Probable racionalmente que se materialice en un futuro inmediato y pueda suponer un daño grave para la salud de los trabajadores.

16. d) Potencialmente peligrosos.

17. b) Las enfermedades, patologías o lesiones sufridas con motivo u ocasión del trabajo.

18. b) Aquel que resulte probable racionalmente que se materialice en un futuro inmediato y pueda suponer un daño grave para la salud de los trabajadores.

19. a) Originen riesgos para la seguridad y la salud de los trabajadores que los desarrollan o utilizan, en ausencia de medidas preventivas específicas.

20. c) Prevención.

TEST N.º 8

Conceptualización básica. Discriminación y relaciones desiguales: concepto y tipos de discriminación. Igualdad de oportunidades: principios de igualdad. Planes de igualdad. Breve referencia al Plan Estratégico de Igualdad de Oportunidades entre mujeres y hombres de la Diputación Provincial de Cádiz

1. Según la definición recogida en la Ley 12/2007, existe discriminación directa por razón de sexo cuando:

a) Una persona es tratada de forma menos favorable que otra en situación comparable por razón de su sexo.
b) Una norma aparentemente neutra genera efectos desiguales sin justificación.
c) Se aplican medidas de acción positiva.
d) Se produce desigualdad estructural sin acto concreto.

2. Cualquier comportamiento realizado en función del sexo de una persona, con el propósito o efecto de atentar contra su dignidad y crear un entorno intimidatorio, degradante u ofensivo constituye:

a) Acoso sexual.
b) Acoso por razón de sexo.
c) Discriminación directa por razón de sexo.
d) Discriminación indirecta por razón de sexo.

3. Los actos y disposiciones que constituyan discriminación por razón de sexo se considerarán:

a) Válidos si existe consentimiento.
b) Anulables.
c) Irregulares.
d) Nulos de pleno derecho.

4. El principio de tutela administrativa efectiva en materia de igualdad implica que las Administraciones públicas deben:

a) Limitarse a promover campañas informativas.
b) Adoptar medidas para prevenir, corregir y restablecer el derecho vulnerado.
c) Delegar la protección en órganos judiciales.
d) Actuar solo cuando exista sanción firme.

5. El principio de transversalidad de género supone que la igualdad debe:

a) Aplicarse exclusivamente en el ámbito laboral.
b) Aplicarse únicamente mediante planes de igualdad.
c) Integrarse en todas las políticas públicas desde su diseño hasta su evaluación.
d) Limitarse a la actuación normativa.

6. El principio de igualdad de trato implica:

a) La igualdad exclusivamente en el empleo público.
b) La adopción obligatoria de medidas de acción positiva.
c) La eliminación de los estereotipos sociales.
d) La ausencia de discriminación directa o indirecta por razón de sexo.

7. Se definen como conjunto ordenado de medidas adoptadas tras un diagnóstico para alcanzar la igualdad entre mujeres y hombres:

a) Protocolos de actuación.
b) Acciones positivas.
c) Programas formativos.
d) Planes de igualdad.

8. El diagnóstico del plan de igualdad es necesario porque:

a) Permite imponer sanciones.
b) Permite conocer la situación real de la organización e identificar desigualdades.
c) Permite elaborar normas jurídicas.
d) Permite establecer retribuciones.

9. La discriminación múltiple en la que concurren varios factores simultáneamente se denomina:

a) Interseccionalidad.
b) Mainstreaming.
c) Acción positiva.
d) Corresponsabilidad.

10. La integración de la perspectiva de género en todas las políticas públicas se denomina:

a) Igualitarismo.
b) Homogeneización.
c) Coordinación administrativa.
d) Mainstreaming.

11. La segregación vertical en el empleo consiste en:

a) La menor presencia de mujeres en puestos de responsabilidad.
b) La diferencia salarial.
c) La concentración sectorial.
d) La discriminación directa.

12. El eje "Gobernanza provincial guiada por la igualdad" del Plan Estratégico de Cádiz tiene como finalidad principal:

a) Promover la igualdad económica exclusivamente.
b) Erradicar la violencia.
c) Promover la participación social.
d) Integrar la igualdad en el funcionamiento interno y políticas públicas.

13. El principio de corresponsabilidad implica:

a) La igualdad jurídica.
b) El reparto equilibrado de responsabilidades familiares y domésticas.
c) La igualdad salarial.
d) La igualdad educativa.

14. El empoderamiento de las mujeres consiste en:

a) La adopción de medidas sancionadoras.
b) La eliminación de la discriminación legal.
c) El proceso de adquisición de autonomía y capacidad de decisión.
d) La implantación de medidas económicas.

15. Las medidas de acción positiva se caracterizan por:

a) Ser permanentes.
b) Ser obligatorias en todos los ámbitos.
c) Ser sancionadoras.
d) Tener carácter temporal y corregir desigualdades reales.

16. El artículo 9.2 de la Constitución Española establece que los poderes públicos deben:

a) Promover las condiciones para que la igualdad sea real y efectiva.
b) Garantizar únicamente la igualdad formal.
c) Actuar exclusivamente en el ámbito laboral.
d) Aplicar medidas sancionadoras.

17. El principio de coordinación administrativa implica:

a) La actuación independiente de cada Administración.
b) La subordinación administrativa.
c) La cooperación entre Administraciones para garantizar la eficacia de las políticas de igualdad.
d) La actuación judicial.

18. El diagnóstico del plan de igualdad permite:

a) Aprobar normas jurídicas.
b) Elaborar presupuestos.
c) Aplicar sanciones.
d) Identificar desigualdades y diseñar medidas adecuadas.

19. En el III Plan Estratégico de Igualdad de la Diputación de Cádiz, propiciar el conocimiento sobre las formas de violencia contra las mujeres es objetivo del:

a) Eje 1.
b) Eje 2.
c) Eje 3.
d) Eje 4.

20. El III Plan Estratégico de Igualdad de la Diputación de Cádiz tiene naturaleza:

a) Instrumento programático de planificación estratégica.
b) Norma reglamentaria.
c) Ley autonómica.
d) Reglamento administrativo.

En MADTEST tienes **más preguntas de este tema**, y todos tus avances quedan registrados y se reflejan en el ranking.

¡Supera tus límites con MADTEST!

Solución al test n.º 8

1. a) Una persona es tratada de forma menos favorable que otra en situación comparable por razón de su sexo.

2. b) Acoso por razón de sexo.

3. d) Nulos de pleno derecho.

4. b) Adoptar medidas para prevenir, corregir y restablecer el derecho vulnerado.

5. c) Integrarse en todas las políticas públicas desde su diseño hasta su evaluación.

6. d) La ausencia de discriminación directa o indirecta por razón de sexo.

7. d) Planes de igualdad.

8. b) Permite conocer la situación real de la organización e identificar desigualdades.

9. a) Interseccionalidad.

10. d) Mainstreaming.

11. a) La menor presencia de mujeres en puestos de responsabilidad.

12. d) Integrar la igualdad en el funcionamiento interno y políticas públicas.

13. b) El reparto equilibrado de responsabilidades familiares y domésticas.

14. c) El proceso de adquisición de autonomía y capacidad de decisión.

15. d) Tener carácter temporal y corregir desigualdades reales.

16. a) Promover las condiciones para que la igualdad sea real y efectiva.

17. c) La cooperación entre Administraciones para garantizar la eficacia de las políticas de igualdad.

18. d) Identificar desigualdades y diseñar medidas adecuadas.

19. b) Eje 2.

20. a) Instrumento programático de planificación estratégica.

B) MATERIAS ESPECÍFICAS

TEST N.º 1

**Documentación en el ámbito sanitario. La historia clínica.
Documentación administrativa. Métodos de archivo. Organización
del almacén. Normas de seguridad e higiene en el almacén.
Formulación de pedidos**

1. ¿Qué se puede definir como conjunto de mercancías acumuladas en espera de ser utilizadas en un tiempo relativamente corto?

a) Almacén.
b) Suministro.
c) Stock.
d) Activos.

2. ¿Qué afirmación es incorrecta de las que se mencionan, en relación con el espacio físico o tamaño que debe poseer un almacén sanitario?

a) Guarda relación con el número de camas que requiere.
b) Está relacionado con la modalidad de hospital que lo incluye.
c) No guarda relación alguna con la situación geográfica donde se ubica el hospital que lo contiene.
d) Un factor a considerar en cuanto en su tamaño es la frecuencia con la que se efectúan los pedidos.

3. ¿Cómo se denomina la zona de un almacén sanitario donde se llevan a cabo las tareas de comprobación de los paquetes y albaranes?

a) Zona de Entrada de mercancías.
b) Zona de Control de mercancías.
c) Zona de Recepción de mercancías.
d) Zona de almacén propiamente dicho.

4. ¿Qué aspecto es muy importante en un almacén con el fin de facilitar una buena gestión de suministros a los servicios consumidores de las mercancías?

a) Anotar siempre y de forma correcta lo que entra en el almacén.
b) Anotar siempre y de forma correcta lo que sale en el almacén.

c) Control de personal, cuando entra y cuando sale del almacén.

d) Control de las existencias en el almacén.

5. ¿Cómo se denomina la modalidad de stock que permite atender a las previsiones óptimas de suministro a los consumidores y que permite una mejor rentabilidad del almacén en relación con el capital invertido en él?

a) Stock activo.

b) Stock pasivo.

c) Stock de seguridad.

d) Stock óptimo.

6. ¿Qué modalidad de almacenado es el que sigue el almacén general de un hospital?

a) Almacenado activo.

b) Almacenado pasivo.

c) Almacenado abierto.

d) Almacenado cerrado.

7. El almacenado al que solo tienen acceso las personas autorizadas, llevándose un control exhaustivo de las entradas y salidas de las mercancías se denomina almacenado:

a) Activo.

b) Pasivo.

c) Abierto.

d) Cerrado.

8. Las soluciones parenterales, líquidos para diálisis, soluciones antisépticas, etc., se guardan en el almacén de mercancías como medios materiales sanitarios como:

a) Especialidades farmacéuticas en general.

b) Especialidades farmacéuticas de gran volumen.

c) Medicamentos del grupo de los psicótropos.

d) Medicamentos del grupo de los estupefacientes.

9. ¿Qué material sanitario se guarda con almacenamiento aparte, debido a que es un producto inflamable?

a) Benzodiacepinas (Diazepan, Valium, Tranxilium…).

b) Anestésicos inhalables.

c) Vacunas.

d) Contrastes radiológicos.

10. Todo lo que se expone de los medicamentos del grupo estupefacientes es cierto, excepto:

a) Precisan de caja fuerte o bien una habitación con puerta de seguridad.
b) Se guardan en armario con cerradura de seguridad.
c) No requieren de una receta especial.
d) Todo lo anterior es cierto.

11. ¿A qué temperatura deben conservarse los productos termolábiles?

a) (-2)- 0 ºC.
b) 2- 8ºC.
c) (-4)- (-1) ºC.
d) 8- 15 ºC.

12. Los estupefacientes llevan impreso en la caja que los guarda un círculo de color:

a) Blanco.
b) Azul.
c) Rojo.
d) Negro.

13. Los controles de stock se refieren:

a) Al material almacenable.
b) Al material no almacenable.
c) Al material almacenable y no almacenable.
d) Son iguales a los controles que se hacen diariamente de los albaranes.

14. ¿Mediante qué controles se pretende conocer las existencias reales de material almacenable, a fin de evitar las situaciones de desabastecimiento del almacén, así como los excesos de determinado tipo de material o las posibles caducidades u obsolescencias?

a) De stock.
b) De albaranes.
c) De mercancías de entrada.
d) De mercancías de salida.

15. Según la clasificación de Pareto los artículos almacenados que se consumen menos y por tanto su rotación es más lenta son los de la clase:

a) A.
b) B.
c) C.
d) D.

16. ¿Cómo se denomina al conjunto de operaciones que se llevan a cabo para conocer las cantidades existentes en el almacén de cada producto en un momento determinado?

a) Ficha de almacén.
b) Inventario.
c) Suministro.
d) Ficha de control de almacén y servicios.

17. ¿De qué NO dependerá la periodicidad del inventario rotatorio?

a) Dependerá de la carga de trabajo de su personal.
b) Dependerá del número de artículos almacenados.
c) Dependerá de las condiciones del almacén.
d) Dependerá de la hora a la que se lleve a cabo.

18. ¿Qué dato de los que se nombran es exclusivo del listado B del inventario rotatorio al tratarse informáticamente?

a) Denominación de cada artículo.
b) La cantidad registrada informáticamente por cada artículo.
c) Código de cada artículo.
d) No hay ninguno exclusivo, son todos los anteriores.

19. ¿Cuál de los siguientes niveles que tradicionalmente se aplican para la medición de las existencias en almacenes sanitarios se realiza por estimación subjetiva?

a) Ratio de rotación.
b) Nivel en unidades.
c) Tasa de cobertura.
d) Nivel de servicios.

20. ¿Qué porcentaje de clientes absorben el 80 % del gasto sanitario (Pareto)?

a) 10 %.
b) 20 %.
c) 30 %.
d) 50 %.

En MADTEST tienes **más preguntas de este tema**, y todos tus avances quedan registrados y se reflejan en el ranking.

¡Supera tus límites con MADTEST!

Solución al test n.º 1

1. c) Stock.

2. c) No guarda relación alguna con la situación geográfica donde se ubica el hospital que lo contiene.

3. c) Zona de Recepción de mercancías.

4. d) Control de las existencias en el almacén.

5. d) Stock óptimo.

6. d) Almacenado cerrado.

7. d) Cerrado.

8. b) Especialidades farmacéuticas de gran volumen.

9. b) Anestésicos inhalables.

10. c) No requieren de una receta especial.

11. b) 2- 8ºC.

12. d) Negro.

13. a) Al material almacenable.

14. a) De stock.

15. c) C.

16. b) Inventario.

17. d) Dependerá de la hora a la que se lleve a cabo.

18. b) La cantidad registrada informáticamente por cada artículo.

19. c) Tasa de cobertura.

20. b) 20 %.

TEST N.º 2

**Las técnicas de comunicación interpersonal.
Definición, elementos, tipos, estilos de comunicación.
Canales comunicativos. Barreras de la comunicación. Comunicación
oral, comunicación no verbal. Acogida al paciente
geriátrico: aspectos administrativos. Aspectos organizativos:
la toma de decisiones. Prioridades y estrategias de intervención.
Aspectos psicológicos: estrategias del personal de enfermería.
La comunicación con el paciente geriátrico**

1. Cuando un técnico en Cuidados Auxiliares de Enfermería se comunica con el paciente, trata de compartir adecuadamente todo lo que se expone, excepto:

a) Informaciones e ideas.
b) Actitudes.
c) Sentimientos.
d) Asuntos personales de trascendencia del técnico.

2. El término destino se aplica en comunicación a:

a) La fuente.
b) El emisor.
c) El receptor.
d) El canal.

3. Al individuo que habla, gesticula, escribe, pinta, etc., en la comunicación, se le denomina:

a) Mensajero.
b) Fuente.
c) Receptor.
d) Destino.

4. La contaminación acústica se considera un ruido:

a) Químico.
b) Psíquico.
c) Físico.
d) Arcaico.

5. La comunicación que emplea el código dibujos es:

a) Lingüística escrita.
b) Lingüística visual.
c) No lingüística visual.
d) No lingüística gestual.

6. ¿Qué área o aspecto debe recoger (según el Defensor del pueblo) la humanización de los comportamientos, de las conductas recíprocas en las relaciones entre los enfermos, los médicos y cuantos cooperan a la protección de la salud?

a) El aspecto ético.
b) El aspecto estético.
c) El aspecto profesional.
d) El aspecto laboral.

7. ¿Qué aspecto de la comunicación del auxiliar con el paciente o sus familiares es inadecuado?

a) Usar un lenguaje claro.
b) Utilizar palabras empleadas habitualmente en el lenguaje coloquial.
c) Emplear y abusar de tecnicismos.
d) Usar frases cortas y precisas.

8. ¿A qué se denomina el método que permite a una persona hacer comprensible a otra cualquier idea o hecho que se le quiere transmitir?

a) Comunicación.
b) Transmisión.
c) Explicación o charla.
d) Transferencia.

9. En la distancia pública el TCAE y el paciente que se comunican están separados en más de:

a) 0,5 m.
b) 1 m.
c) Más de 2 m.
d) Entre 1 y 2 m.

10. ¿Qué aspecto de la comunicación se debe dar para hablar correctamente, con lógica y precisión?

a) Apropiado léxico.
b) Respeto en la comunicación (saber escuchar).
c) Adecuada expresión.
d) Atención y escucha activa.

11. ¿Qué barrera del lenguaje se da por discapacidad física?

a) Neurosis.
b) Alteraciones de la memoria.
c) Ceguera.
d) Psicosis.

12. ¿A qué se denomina el proceso mediante el cual las personas interpretan y organizan la información con la finalidad de darle significado y comprensión a su mundo?

a) Sensación.
b) Percepción.
c) Racionalidad.
d) Acción.

13. ¿Cómo definirías el término intencionalidad tan necesario en la relación interpersonal?

a) Es la idea inicial a partir de la cual se analizará y evaluará la situación, para emitir un juicio sobre lo que nos afecta y así plantear conductas y organizar acciones de acuerdo con la información que se posee.
b) Es la determinación de la voluntad en orden a conseguir un fin u objetivo.
c) Es el hacer consciente que se expresa en objetivos.
d) Es el estado afectivo del ánimo que se produce por causas que lo impresionan vivamente y según el cual se tomarán las decisiones.

14. ¿Cuál es el objetivo en la relación interpersonal celador/paciente/familiar?

a) La salud.
b) La eficiencia profesional.
c) La ayuda.
d) La eficacia profesional.

15. ¿Cuál es la capacidad humana de sentir con el otro, de identificarse con él y de ponerse en el lugar del otro?

a) Asertividad.
b) Comprensión.

c) Compasión.
d) Confianza.

16. Cuando una relación interpersonal se desarrolla en un régimen de igualdad se dice que es de:

a) Compañerismo.
b) Equilibrada.
c) Empática.
d) Son ciertas las respuestas b) y c).

17. ¿Qué término se aplica cuando en una relación interpersonal no se consigue lo que se esperaba?

a) Enojo.
b) Frustración.
c) Agresividad.
d) Deserción.

18. ¿Qué habilidades o destrezas se deben poseer en una adecuada relación interpersonal?

a) Habilidad para solucionar conflictos.
b) Habilidad para expresarse de manera honesta y auténtica.
c) Habilidad para comunicarse clara y directamente, así como para escuchar atentamente.
d) Deben poseerse todas las anteriores.

19. La capacidad y disposición para hacer algo se denomina:

a) Quehacer.
b) Intencionalidad.
c) Animosidad.
d) Habilidad.

20. ¿En qué pilares ha de basarse la relación interpersonal?

a) Compromiso, objetivo común y desinterés.
b) Sinceridad, confianza y respeto.
c) Cooperación, dominación y aislamiento.
d) Confianza, creatividad, compromisos renovados y respeto mutuo.

Solución al test n.º 2

1. d) Asuntos personales de trascendencia del técnico.

2. c) El receptor.

3. b) Fuente.

4. c) Físico.

5. c) No lingüística visual.

6. a) El aspecto ético.

7. c) Emplear y abusar de tecnicismos.

8. c) Explicación o charla.

9. c) Más de 2 m.

10. c) Adecuada expresión.

11. c) Ceguera.

12. b) Percepción.

13. b) Es la determinación de la voluntad en orden a conseguir un fin u objetivo.

14. c) La ayuda.

15. c) Compasión.

16. a) Compañerismo.

17. b) Frustración.

18. d) Deben poseerse todas las anteriores.

19. d) Habilidad.

20. b) Sinceridad, confianza y respeto.

Necesidades fundamentales de la persona. Jerarquía de las necesidades de A. Maslow. Adaptación de Kalish a la jerarquía de Maslow. Valoración de las necesidades de Virginia Henderson. Los Cuidados Básicos de Enfermería o Plan de Cuidados Integral de Enfermería. El Proceso de Atención de Enfermaría (PAE)

1. ¿Cuántos miembros conforman la enfermería?

a) Uno, el Diplomado en Enfermería.
b) Dos, el Diplomado en Enfermería y el Técnico Auxiliar.
c) Uno, el Técnico Auxiliar en Cuidados de Enfermería.
d) Tres, el Diplomado en Enfermería, el Técnico Auxiliar en Cuidados de Enfermería y el Médico.

2. El término «enfermera» tiene sus orígenes en el verbo to nourish que significa:

a) Cuidar.
b) Nutrir.
c) Sanar.
d) Asear.

3. ¿Qué es la representación esquemática de la realidad?

a) Una teoría.
b) Un modelo.
c) Un axioma.
d) Una fantasía.

4. ¿A qué se le llama en Enfermería la orientación que caracteriza a la forma de ordenar los diversos conceptos que se usan para formar un modelo de cuidados?

a) Tendencia en Enfermería.
b) Teoría de Enfermería.
c) Modelo de Enfermería.
d) Axioma de Enfermería.

5. ¿Cuál de estas no es una ventaja de trabajar con un modelo de Enfermería?

a) La atención prestada es integral y permite llevar a cabo todo el proceso de atención de enfermería.

b) La valoración se hace basándose en respuestas humanas y no sobre la base de signos y síntomas.

c) Se clarifica nuestro campo de asistencia, pudiendo llevar a cabo actividades independientes.

d) El equipo enfermero se subordina a todas las decisiones del facultativo, y mengua así las responsabilidades sobre los enfermos.

6. ¿Quién es considerada la matriarca de la Enfermería moderna?

a) M.F. Colliére.
b) Virginia Henderson.
c) Florence Nightingale.
d) Laura Travelbee.

7. ¿Qué modelo de Enfermería está basado en la relación enfermera-paciente y se refiere a todo contacto en el que dos personas ejercen una influencia mutua por medio de la comunicación?

a) Modelo ecológico.
b) Modelo interaccionista.
c) Modelo de autocuidados.
d) Modelo de sistemas.

8. ¿Qué autora de estas realiza el modelo teórico de Enfermería del Autocuidado?

a) Dorothea E. Orem.
b) Virginia Henderson.
c) Florence Nightingale.
d) Laura Travelbee.

9. ¿Qué autora destaca en el modelo de enfermería basado en la adaptación?

a) Virginia Henderson.
b) Callista Roy.
c) Nancy Roper.
d) Florence Nightingale.

10. ¿En qué se basa el modelo de Enfermería de Virginia Henderson?

a) En la interacción de las personas mediante la comunicación.
b) En las necesidades básicas humanas.

c) En la capacidad de autocuidados del individuo.
d) En la suplencia como ayuda.

11. ¿Qué relación enfermera-paciente se da en el modelo de Virginia Henderson, cuando la enfermera colabora con el enfermo, auxiliándole a recuperar su independencia?

a) Relación de la enfermera como un sustituto.
b) Relación de la enfermera como ayuda.
c) Relación de la enfermera como compañera.
d) Relación de la enfermera como madre.

12. ¿Quién es la figura más representativa en Enfermería del modelo de suplencia o ayuda?

a) Virginia Henderson.
b) Callista Roy.
c) Nancy Roper.
d) Florence Nightingale.

13. ¿Qué sistema de enfermería, según Dorothea E. Orem, es aquel que va dirigido a pacientes que son capaces o deben aprender a realizar acciones propias de su autocuidado y que, en principio, no pueden hacerlo sin la correspondiente ayuda?

a) Sistema de enfermería de apoyo educativo.
b) Sistema de enfermería totalmente compensador.
c) Sistema de enfermería parcialmente compensador.
d) Sistema de enfermería sin compensaciones.

14. La fuente de dificultades por parte del paciente que puedan surgir en este modelo de autocuidados (según Dorothea E. Orem), son:

a) Los bloqueos inducidos.
b) Las interferencias.
c) Los bloqueos no inducidos.
d) La desorientación.

15. ¿Qué teoría de Patricia Benner enfatiza la adquisición de habilidades clínicas a través de la experiencia práctica?

a) Teoría del autocuidado.
b) Teoría del confort.
c) De novato a experto.
d) Teoría del cuidado humano.

16. ¿En qué áreas ha sido particularmente influyente la Teoría del Confort de Katharine Kolcaba?

a) Educación en enfermería.
b) Cuidado paliativo.
c) Gestión hospitalaria.
d) Ética médica.

17. Según Jean Watson, ¿qué componente es central y vital para la salud del paciente en la enfermería?

a) La medicación adecuada.
b) El diagnóstico temprano.
c) El cuidado.
d) La intervención quirúrgica.

18. ¿En qué se enfoca Cynda Hylton Rushton en su trabajo sobre ética de la enfermería?

a) Dilemas éticos y cuidado en situaciones de alto estrés.
b) Técnicas de intervención rápida.
c) Administración de recursos humanos.
d) Desarrollo de políticas de salud.

19. ¿Qué objetivo tiene el modelo CAPABLE desarrollado por Sarah Szanton?

a) Aumentar la eficiencia hospitalaria.
b) Mejorar la calidad de vida permitiendo a los mayores vivir independientemente.
c) Reducir los costos de medicación.
d) Implementar nuevas tecnologías en el cuidado en casa.

20. ¿A qué se le denomina el método científico de planificar y aplicar los cuidados dentro de la profesión de enfermería?

a) Al Diagnóstico enfermero.
b) Al Proceso de Atención de Enfermería.
c) A la Planificación de Enfermería.
d) A nada de lo anterior.

En MADTEST tienes **más preguntas de este tema,** y todos tus avances quedan registrados y se reflejan en el ranking.

¡Supera tus límites con MADTEST!

Solución al test n.º 3

1. b) Dos, el Diplomado en Enfermería y el Técnico Auxiliar.

2. b) Nutrir.

3. b) Un modelo.

4. a) Tendencia en Enfermería.

5. d) El equipo enfermero se subordina a todas las decisiones del facultativo, y mengua así las responsabilidades sobre los enfermos.

6. c) Florence Nightingale.

7. b) Modelo interaccionista.

8. a) Dorothea E. Orem.

9. b) Callista Roy.

10. b) En las necesidades básicas humanas.

11. b) Relación de la enfermera como ayuda.

12. a) Virginia Henderson.

13. a) Sistema de enfermería de apoyo educativo.

14. b) Las interferencias.

15. c) De novato a experto.

16. b) Cuidado paliativo.

17. c) El cuidado.

18. a) Dilemas éticos y cuidado en situaciones de alto estrés.

19. b) Mejorar la calidad de vida permitiendo a los mayores vivir independientemente.

20. b) Al Proceso de Atención de Enfermería.

TEST N.º 4

Epidemiología, cadena epidemiológica y transmisión de infecciones. Medidas para disminuir el riesgo de transmisión de infecciones: lavado de manos, tipos y recomendaciones; Aislamiento: concepto, tipos y procedimientos. Protección universal. Residuos sanitarios: concepto, clasificación, recogida, transporte, almacenamiento, tratamiento y eliminación

1. ¿Qué agente transmite la sarna?

a) VIH (SIDA).
b) Sarcopte scabiei.
c) Clostridium tetani.
d) Covid 19.

2. La persona con capacidad padecer una enfermedad infecciosa se denomina técnicamente:

a) Portador enfermo.
b) Portador sano o asintomático.
c) Huésped susceptible.
d) Huésped refractario.

3. ¿Qué característica no cumple el agente causal de una enfermedad transmisible?

a) Es capaz de reproducirse.
b) Es exógeno.
c) Es único.
d) Puede ser exógeno o endógeno.

4. La Epidemiología de las enfermedades transmisibles estudia los factores que van a relacionar el agente causal con...

a) El portador.
b) El ambiente.

c) El sujeto o huésped susceptible.

d) El reservorio.

5. ¿A qué tipo de enfermedad corresponde la definición: "es la enfermedad que cumple una serie de características básicas, ya que precisa de un agente causal, que suele ser único, exógeno, capaz de reproducirse"?

a) Enfermedad transmisible.

b) Enfermedad contagiosa.

c) Enfermedad infecciosa.

d) Peritonitis.

6. ¿Cuál de estas afirmaciones no es correcta respecto a los postulados de Koch?

a) Siempre debemos encontrar el microorganismo en la enfermedad.

b) Se debe aislar, pero no se cultiva desde las lesiones.

c) Se reproduce la enfermedad al inocular un cultivo puro a un animal susceptible.

d) El microorganismo debe dar lugar a una respuesta inmune detectable en laboratorio.

7. ¿A qué corresponde esta definición: "asociación con beneficios para agente y huésped"?

a) Parasitismo.

b) Simbiosis.

c) Comensalismo.

d) Amebiasis.

8. ¿Cómo se denomina la relación de interacción entre agente causal y huésped cuando existe beneficio para el agente o el huésped, pero sin perjuicio para el otro?

a) Saprofitismo.

b) Simbiosis.

c) Parasitismo.

d) Comensalismo.

9. En epidemiología se entiende por virulencia:

a) La habilidad de un agente causal para producir reacción inmunológica local o general.

b) El grado o cantidad de enfermedad que puede producir el agente causal.

c) La capacidad para dar lugar a una enfermedad, una vez infectado un huésped.

d) La cantidad de eslabones que posee una enfermedad transmisible.

10. ¿Qué término es sinónimo de inmunogenicidad?

a) Inmunoclisis.

b) Antigenicidad.

c) Virulencia.
d) Contagiosidad.

11. ¿A qué grupo pertenece aquel biológico que resulta poco probable que cause una enfermedad en el hombre, en función del riesgo de infección? Grupo…

a) 1.
b) 2.
c) 3.
d) 4.

12. ¿Cómo se denomina la capacidad del agente etiológico para extenderse?

a) Contagiosidad.
b) Infectividad.
c) Patogenicidad.
d) Virulencia.

13. Se define como infectividad:

a) La capacidad de virulencia del agente causal.
b) La capacidad para ocasionar o dar lugar a una enfermedad.
c) El grado o cantidad de enfermedad que puede producir el agente causal.
d) La capacidad para multiplicarse el agente causal en los tejidos, dando o no lugar enfermedad.

14. Generalmente la fuente de la enfermedad transmisible suele ser la misma que:

a) El reservorio.
b) El portador sano.
c) El huésped susceptible.
d) El huésped refractario.

15. ¿Cuáles son los factores epidemiológicos secundarios?

a) Clima.
b) Tabaco.
c) Sexo.
d) Clima y sexo.

16. El suelo en la cadena epidemiológica se comporta como:

a) Reservorio exclusivamente.
b) Mecanismo de transmisión exclusivamente.
c) Reservorio o mecanismo de transmisión.
d) Huésped refractario o vía de contagio.

17. La triada epidemiológica relaciona:

a) Al agente causal, huésped susceptible y ambiente.
b) Al agente causal, huésped susceptible y reservorio.
c) Al agente causal, huésped susceptible y mecanismo de transmisión.
d) Al agente causal, huésped susceptible y factores epidemiológicos secundarios.

18. ¿A qué hace referencia la definición: "Todo ser animado o inanimado, en los que el agente etiológico se reproduce y se perpetúa en un ambiente natural del que depende para su supervivencia"?

a) Reservorio.
b) Fuente de infección.
c) Fuente de contagio.
d) Fuente adicional.

19. ¿Cuál de estas se considera la fuente de infección más importante para el hombre en epidemiología?

a) Una fuente homóloga.
b) Una fuente heteróloga.
c) Fuente animal.
d) Fuente inanimada.

20. ¿Cómo ocurren las infecciones autógenas?

a) Ocurre por microorganismo que están generalmente en los animales.
b) Ocurre por microorganismo que están de forma habitual en el hombre.
c) Ocurre por microorganismo que están de forma habitual en el suelo.
d) Ninguna es correcta.

En MADTEST tienes **más preguntas de este tema**, y todos tus avances quedan registrados y se reflejan en el ranking.

¡Supera tus límites con MADTEST!

Solución al test n.º 4

1. b) Sarcopte scabiei.

2. c) Huésped susceptible.

3. d) Puede ser exógeno o endógeno.

4. c) El sujeto o huésped susceptible.

5. a) Enfermedad transmisible.

6. b) Se debe aislar, pero no se cultiva desde las lesiones.

7. b) Simbiosis.

8. d) Comensalismo.

9. b) El grado o cantidad de enfermedad que puede producir el agente causal.

10. b) Antigenicidad.

11. a) 1.

12. a) Contagiosidad.

13. d) La capacidad para multiplicarse el agente causal en los tejidos, dando o no lugar enfermedad.

14. a) El reservorio.

15. d) Clima y sexo.

16. c) Reservorio o mecanismo de transmisión.

17. a) Al agente causal, huésped susceptible y ambiente.

18. a) Reservorio.

19. a) Una fuente homóloga.

20. b) Ocurre por microorganismo que están de forma habitual en el hombre.

TEST N.º 5

Limpieza en el medio sanitario. Productos utilizados en la limpieza: el detergente. Procedimiento para la limpieza manual del material. Desinfección en el medio sanitario. Principios básicos de desinfección y métodos de desinfección: los germicidas. Esterilización en el medio sanitario: principios básicos de esterilización, métodos y control de calidad

1. ¿Qué tipo de agentes utiliza más frecuentemente la asepsia para conseguir matar y eliminar los microorganismos?

a) Agentes mecánicos.
b) Agentes físicos.
c) Agentes biológicos.
d) Agentes químicos.

2. ¿Qué agentes físicos es el más utilizado por la asepsia para conseguir matar y eliminar los microorganismos?

a) El más utilizado es el calor seco, exclusivamente.
b) El más utilizado es el calor húmedo, exclusivamente.
c) El más utilizado es el frío, exclusivamente.
d) El más utilizado es el calor seco o/y el calor húmedo.

3. El material estéril:

a) No posee ningún tipo de microorganismo patógeno.
b) No posee gérmenes tipo virus, bacterias y hongos.
c) No posee ningún tipo de microorganismo patógeno, ni microorganismo no patógeno, e incluso ni siquiera sus formas de resistencia.
d) No posee ningún tipo de microorganismo patógeno y no patógeno.

4. ¿A qué se le denomina el conjunto de técnicas que garantizan la ausencia de gérmenes o microorganismos infecciosos, tanto en superficie como en profundidad, de los materiales expuestos o de los seres vivos?

a) Profilaxis.
b) Vacunación.

c) Asepsia.
d) Nada de lo anterior.

5. ¿Qué termino es sinónimo de antisepsia en la práctica?

a) Descontaminación.
b) Desinfección.
c) Esterilización.
d) Desinfestación.

6. ¿Cómo actúan los insectos produciendo patogenicidad en las personas?

a) Como vectores de enfermedades infecciosas.
b) Como vectores de enfermedades parasitarias (acción indirecta).
c) Como parásitos directos.
d) Como vectores de enfermedades infecciosas y parasitarias, y como parásitos directos.

7. ¿Cómo se denomina al conjunto de técnicas destinadas a la eliminación de los artrópodos?

a) Desinsectación.
b) Desinfección.
c) Esterilización.
d) Desinfestación.

8. ¿Qué insecticidas son aquellos que en lugar de matar al insecto lo alejan de su ubicación?

a) Asfixiantes.
b) Fumigantes.
c) Repelentes.
d) Por contacto.

9. ¿Qué insecticidas en la práctica se consideran los más importantes?

a) Asfixiantes.
b) Fumigantes.
c) Repelentes.
d) Por contacto.

10. ¿Cómo se destruyen los parásitos de la ropa?

a) Metiéndola en cámaras de frío.
b) Echándole DDT.
c) Aireándola.
d) Lavándola con agua caliente.

11. ¿A qué grupo de insecticidas pertenece el famoso DDT?

a) Asfixiantes.
b) Fumigantes.
c) Repelentes.
d) Por contacto.

12. ¿Qué agentes agreden a las personas ocasionándoles infestaciones?

a) Bacterias.
b) Virus.
c) Priones.
d) Parásitos.

13. Se habla de infestación cuando la agresión se produce por:

a) Bacterias.
b) Virus.
c) Parásitos.
d) Hongos.

14. ¿Cuándo dirías qué existe enfermedad infecciosa?

a) Cuando se produce la invasión y entrada en el organismo humano de agentes extraños vivos.
b) Cuando el agente infeccioso crece y prolifera invadiendo tejidos y células del organismo.
c) Cuando el agente infeccioso coloniza un órgano, aparato o/y la globalidad de nuestra corporalidad.
d) Cuando aparecen signos y síntomas como consecuencia de la infección.

15. ¿Dónde incluirías a la aguja de Reverdin en la clasificación del instrumental quirúrgico?

a) En instrumental de Hemostasia.
b) En instrumental de sutura.
c) En instrumental de disección.
d) En instrumental de corte.

16. ¿Qué tipo de tijera quirúrgica es la de la imagen?

a) Tijera de Mayo.
b) Tijera de Metzenbaum.
c) Tijera ginecológica.
d) Tijera de alambre.

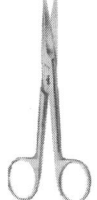

17. Dentro de la clasificación de bisturíes entra:

a) Tijeras para suturas.
b) Pinzas de Kelly.
c) Las lancetas.
d) Catgut.

18. Las pinzas llamadas de mano izquierda son las pinzas de:

a) Disección.
b) Kelly.
c) Kocher.
d) Crile.

19. ¿Qué instrumental es el de la imagen?

a) Tijera de Metzenbaum.
b) Pinzas de Crile.
c) Pinzas de Pean.
d) Pinzas de Kocher.

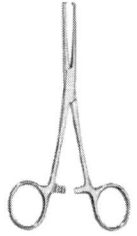

20. Las pinzas utilizadas para hemostasia de menor tamaño son:

a) Pean.
b) Kelly.
c) Kocher.
d) Mosquito.

En MADTEST tienes **más preguntas de este tema**, y todos tus avances quedan registrados y se reflejan en el ranking.

¡Supera tus límites con MADTEST!

Solución al test n.º 5

1. b) Agentes físicos.

2. d) El más utilizado es el calor seco o/y el calor húmedo.

3. c) No posee ningún tipo de microorganismo patógeno, ni microorganismo no patógeno, e incluso ni siquiera sus formas de resistencia.

4. c) Asepsia.

5. b) Desinfección.

6. d) Como vectores de enfermedades infecciosas y parasitarias, y como parásitos directos.

7. a) Desinsectación.

8. c) Repelentes.

9. d) Por contacto.

10. d) Lavándola con agua caliente.

11. d) Por contacto.

12. d) Parásitos.

13. c) Parásitos.

14. d) Cuando aparecen signos y síntomas como consecuencia de la infección.

15. b) En instrumental de sutura.

16. a) Tijera de Mayo.

17. c) Las lancetas.

18. a) Disección.

19. d) Pinzas de Kocher.

20. d) Mosquito.

TEST N.º 6

Mobiliario y accesorios de la habitación hospitalaria. La cama hospitalaria: características, tipos. El colchón de la cama hospitalaria. La preparación de la cama hospitalaria. Ropa o lencería de la cama hospitalaria. Procedimiento para hacer una cama desocupada y una cama ocupada

1. En una habitación de hospital habrá tantas unidades de pacientes como:

a) Pacientes haya en el hospital (incluido consultas externas).
b) Número de camas.
c) Pacientes haya en el hospital dividido por factor de corrección constante.
d) Número de camas multiplicado por factor de corrección constante.

2. ¿Cuál de lo indicado a continuación no se considera un requisito de calidad en la unidad del paciente?

a) Que sea confortable la habitación.
b) Que tenga seguridad, para evitar accidentes.
c) Que posea condiciones ambientales favorables.
d) Que haya en ella escasa privacidad, para vigilar mejor al paciente.

3. ¿Qué útil o herramienta no debe poseer la unidad del paciente tipo?

a) Lencería de cama y accesorios.
b) Lámpara de luz directa.
c) Timbre de alarma.
d) Toma de oxígeno.

4. ¿Qué aspecto no entra dentro de la unidad de paciente tipo?

a) La cama.
b) El armario.
c) El control de enfermería.
d) La mesita de noche.

5. ¿De qué color deben ser pintados las paredes den una habilitación de un hospital?

a) Negro u oscuro.
b) Marrón claro o amarillo.
c) Blanco mate.
d) Ninguno de los anteriores.

6. Todas las características mínimas que debe reunir la habitación del enfermo que se exponen son ciertas, excepto:

a) Espacio suficiente.
b) Debe recibir luz directa del sol, a ser posible y de fácil ventilación.
c) Temperatura por encima de la media habitual (superior a 30 grados).
d) Tranquila y a poder ser sin ruidos.

7. La altura de los techos mínima (en cm) de la habitación del paciente debe ser:

a) 220.
b) 250.
c) 270.
d) 285.

8. ¿Qué tipo de iluminación es indispensable en la habitación del paciente?

a) Luz natural (sol).
b) Luz artificial día.
c) Luz artificial noche.
d) Luz artificial halógena.

9. ¿Cuánto tiempo al día habrá que abrir ventanas para ventilar, si el hospital no dispone de aire acondicionado o está averiado?

a) 10 a 15 minutos, en diferentes intervalos.
b) 30 a 45 minutos, en diferentes intervalos.
c) 1 a 2 horas, en diferentes intervalos.
d) Más de 4 horas en diferentes intervalos.

10. ¿Qué color claro es el idóneo para las paredes de la habitación del paciente?

a) Blanco mate.
b) Blanco marfil.
c) Blanco brillo.
d) Amarillo limón.

11. Respecto a la sonorización en la unidad del paciente, todo lo que se dice es cierto, excepto que:

a) El Técnico de cuidados de enfermería debe velar a la hora del descanso de que no se produzcan ruidos.
b) El personal sanitario utilizará calzado con suela dura, para que dicho ruido dé pista al enfermo y se sepa dónde se localiza.
c) Las habitaciones deben ser tranquilas y sin ruidos, ya que un excesivo ruido ambiental afectaría al enfermo.
d) Los modernos hospitales están construidos teniendo en cuenta la necesidad de un aislamiento acústico de las habitaciones.

12. La temperatura de las habitaciones del hospital debe oscilar entre:

a) 16-18 ºC.
b) 20-22 ºC.
c) 26-28 ºC.
d) 30-32 ºC.

13. Los límites que se consideran aceptables de humedad en habitación del enfermo oscilan entre:

a) 20-30 %.
b) 30-40 %.
c) 40-60 %.
d) 65-85 %.

14. ¿Qué mobiliario de la habitación del paciente no es imprescindible?

a) Mesita de noche y armario.
b) Cama.
c) Sofá pequeño.
d) Silla y/o sillón.

15. ¿Qué es incorrecto del cuarto de baño de la habitación del paciente?

a) Debe poseer todas las piezas de un baño completo.
b) No es necesario que presente barras de seguridad en sanitarios ni en ducha o/y bañera.
c) El baño está incorporado a las habitaciones.
d) Debe poseer medidas de seguridad para evitar accidentes.

16. ¿En cuántos segmentos móviles se divide el somier metálico de la cama articulada?

a) En 2.
b) En 3.

c) En 4.
d) No tiene divisiones.

17. ¿Qué parte corporal aloja el segmento móvil central del somier metálico de la cama articulada?

a) Tórax.
b) Abdomen.
c) Pelvis.
d) Extremidades superiores.

18. La cama articulada de somier rígido impide al paciente colocarlo en la posición de:

a) Decúbito supino.
b) Decúbito prono.
c) Decúbito lateral.
d) Fowler.

19. ¿Cómo se denomina también a la cama ortopédica o traumatológica?

a) Cama de Judet.
b) Potro ginecológico.
c) Somier.
d) Bouchat.

20. El marco triangular de Balkan lo posee la cama:

a) Ortopédica de Judet.
b) Bouchat.
c) De levitación.
d) Electrocircular o de Striker.

En MADTEST tienes **más preguntas de este tema**, y todos tus avances quedan registrados y se reflejan en el ranking.

¡Supera tus límites con MADTEST!

Solución al test n.º 6

1. b) Número de camas.

2. d) Que haya en ella escasa privacidad, para vigilar mejor al paciente.

3. b) Lámpara de luz directa.

4. c) El control de enfermería.

5. c) Blanco mate.

6. c) Temperatura por encima de la media habitual (superior a 30 grados).

7. b) 250.

8. a) Luz natural (sol).

9. a) 10 a 15 minutos, en diferentes intervalos.

10. a) Blanco mate.

11. b) El personal sanitario utilizará calzado con suela dura, para que dicho ruido dé pista al enfermo y se sepa dónde se localiza.

12. b) 20-22 ºC.

13. c) 40-60 %.

14. c) Sofá pequeño.

15. b) No es necesario que presente barras de seguridad en sanitarios ni en ducha o/y bañera.

16. b) En 3.

17. c) Pelvis.

18. d) Fowler.

19. a) Cama de Judet.

20. a) Ortopédica de Judet.

TEST N.º 7

La piel del anciano como órgano de protección ante las infecciones: los cambios de la piel como consecuencia del envejecimiento. Procesos dermatológicos más frecuentes en los ancianos. La higiene integral: conceptos; el aseo en pacientes geriátricos

1. ¿Qué calibre posee la piel en las zonas donde está cubierta es más gruesa?

a) ≥ 15 mm.
b) ≥ 10 mm.
c) ≥ 4 mm.
d) ≥ 0,5 mm.

2. ¿Qué elemento o elementos anatómicos de estos no pertenece al sistema tegumentario?

a) Piel.
b) Pelos.
c) Uñas.
d) Cartílagos.

3. ¿Qué función de estas no cumple el sistema tegumentario?

a) Síntesis de vitamina K y melatonina.
b) Eliminación de sudor.
c) Regulación térmica.
d) Protección.

4. El tejido celular subcutáneo de la piel se denomina:

a) Dermis.
b) Hipodermis.
c) Epidermis.
d) Tejido de Malpighio.

5. ¿Qué característica del epitelio de la epidermis no es correcta?

a) Estratificado.
b) Cúbico.
c) Plano.
d) Queratinizado.

6. ¿En qué lugar de la epidermis se producen las células que la regeneran?

a) Capa o estrato córneo.
b) Capa o estrato granuloso.
c) Capa o estrato espinoso.
d) Capa o estrato basal.

7. Todo lo que se expone de la epidermis es falso, excepto que:

a) Está formada por células propias del tejido conjuntivo.
b) No posee vasos sanguíneos ni terminaciones nerviosas.
c) Es la parte más profunda e interna de la piel.
d) Constituye un epitelio estratificado plano y sin queratinización.

8. ¿Cómo se denomina la sustancia que pigmenta la piel localmente?

a) Tirosina.
b) Adenina.
c) Melanina.
d) Melatonina.

9. ¿Qué zona de la piel no posee vasos sanguíneos?

a) Epidermis.
b) Dermis.
c) Hipodermis.
d) Todas poseen vasos sanguíneos.

10. ¿En qué fibra es rica la dermis?

a) En glucógeno.
b) En reticulares.
c) En colágena.
d) En vitaminas.

11. ¿En qué zona anatómica de estas se localizan las glándulas sudoríparas apocrinas?

a) En axilas.
b) En espalda.

c) En cara, excepto párpados.
d) En plantas del pie y palmas de las manos.

12. ¿Dónde no hay glándulas sebáceas?

a) En axilas.
b) En plantas del pie y palmas de las manos.
c) En cuero cabelludo.
d) En cara.

13. ¿Qué capa del pelo está constituida por queratina dura?

a) Médula.
b) Bulbo.
c) Raíz.
d) Cutícula.

14. ¿Cómo se denomina la parte de las uñas que se observa en sus zonas proximales en forma de zona blanquecina semicircular?

a) Cutícula.
b) Lúnula.
c) Bulbo.
d) Médula.

15. ¿Cuál de estas es una lesión elemental secundaria de la piel?

a) Pápula.
b) Habón.
c) Nódulo.
d) Escara.

16. ¿Cómo se denomina la lesión primaria de la piel, elevada, circunscrita, infiltrada, producida por inflamación crónica y que deja cicatriz cuando resuelve?

a) Tubérculo.
b) Roncha.
c) Habón.
d) Vesícula.

17. ¿Qué lesión de la piel es primaria?

a) Escama.
b) Costra.
c) Habón.
d) Úlcera.

18. ¿Qué lesión elemental primaria de la piel es aquella que se manifiesta sobre-elevada y de contenido sólido, inferior a 1 cm de diámetro?

a) Pápula.
b) Mácula.
c) Púrpura.
d) Ampolla.

19. ¿Qué lesión elemental de la piel no es primaria?

a) Pústula.
b) Tumor.
c) Vesícula.
d) Úlcera.

20. ¿Qué lesión secundaria y elemental de la piel es producida por desecación de exudados o sangre?

a) Pústula.
b) Escama.
c) Costra.
d) Liquenificación.

Solución al test n.º 7

1. c) ≥ 4 mm.

2. d) Cartílagos.

3. a) Síntesis de vitamina K y melatonina.

4. b) Hipodermis.

5. b) Cúbico.

6. d) Capa o estrato basal.

7. b) No posee vasos sanguíneos ni terminaciones nerviosas.

8. c) Melanina.

9. a) Epidermis.

10. c) En colágena.

11. a) En axilas.

12. b) En plantas del pie y palmas de las manos.

13. d) Cutícula.

14. b) Lúnula.

15. d) Escara.

16. a) Tubérculo.

17. c) Habón.

18. a) Pápula.

19. d) Úlcera.

20. c) Costra.

El sistema gastrointestinal: conceptos básicos y patologías más frecuentes. Modificaciones del sistema gastrointestinal asociadas al proceso de envejecimiento. Factores que influyen en los hábitos alimenticios de la población y su influencia en los estados de salud. Dietas terapéuticas. Alteración de alimentos y toxiinfección alimentaria. Prevención de la toxiinfección alimentaria: conservación y manipulación de alimentos

1. El tubo digestivo tiene una longitud aproximada de:

a) 5 a 7,5 m.
b) 7 a 10 m.
c) 10 a 12 m.
d) 14 a 18 m.

2. ¿Qué huesos de la cabeza intervienen en la formación del paladar duro?

a) Palatinos y maxilares.
b) Cigomáticos y maxilares.
c) Cigomáticos y palatinos.
d) Unguis y palatinos.

3. ¿Qué papilas de la lengua forman la V lingual?

a) Caliciformes.
b) Filiformes.
c) Mucosas.
d) Fungiformes.

4. ¿Qué papilas linguales de estas no son gustativas?

a) Caliciformes.
b) Filiformes.
c) Fungiformes.
d) Todas son gustativas.

5. ¿Qué estructura dentaria presenta una corona cuadrangular con dos cúspides y raíz simple?

a) Incisivo.
b) Canino.
c) Premolar.
d) Molar.

6. La dentición primera en la especie humana es la dentición:

a) Temporal.
b) Definitiva.
c) Permanente.
d) Secundaria

7. ¿Qué músculos de estos durante la masticación no tiran de la mandíbula hacia arriba?

a) Temporales.
b) Pterigoideos internos.
c) Digástricos.
d) Maseteros.

8. ¿Qué tramo vertebral aproximadamente es el del esófago?

a) Desde la vértebra C2 a D7.
b) Desde la vértebra C3 a D10.
c) Desde la vértebra C6 a D11.
d) Desde la vértebra C5 a L3.

9. La zona de entrada al estómago se llama:

a) Fundus.
b) Fórnix.
c) Cardias.
d) Píloro.

10. ¿Qué mide en condiciones normales las asas intestinales (intestino delgado) en un adulto (en metros)?

a) De 2 a 3.
b) De 4 a 5.
c) De 6 a 7.
d) De 9 a 10.

11. ¿Qué porción del intestino grueso cruza la cavidad abdominal de derecha a izquierda?

a) Recto.
b) Ciego.
c) Colon sigmoideo.
d) Colon transverso.

12. ¿Qué músculo forma el esfínter esofágico superior?

a) El músculo hioideofaríngeo.
b) El músculo tirocricoideo.
c) El músculo cricofaríngeo.
d) Ninguno de los anteriores.

13. ¿Qué esfínter delimita el final del esófago y el comienzo del estómago?

a) Píloro.
b) Zenker.
c) Cardias.
d) Bahuin.

14. ¿Cuál es el conducto de salida de la saliva a la boca de las glándulas parótidas?

a) Conducto de Stenon.
b) Conducto de Warton.
c) Conducto de Rivinus.
d) Conducto de Walter.

15. ¿Qué glándulas salivales son las de mayor tamaño?

a) Parótidas.
b) Submandibulares.
c) Submaxilares.
d) Sublinguales.

16. Sinónimo de ptialismo es:

a) Sialonco.
b) Sialorrea.
c) Sialosquesis.
d) Sialodoquitis.

17. ¿Cómo se denomina el conducto principal del páncreas secretor de jugo pancreático a duodeno?

a) Conducto de Vater.
b) Conducto de Santorini.
c) Conducto de Wirsung.
d) Conducto de Bahuin.

18. El peso del hígado (en gramos) de un adulto está en torno a los:

a) 950.
b) 1200.
c) 1500.
d) 2500.

19. ¿Qué produce la bilis?

a) La vesícula biliar.
b) El hígado.
c) El páncreas.
d) Los tres anteriores.

20. ¿Cuál es la víscera más voluminosa de nuestro cuerpo?

a) Páncreas.
b) Hígado.
c) Estómago.
d) Tiroides.

En MADTEST tienes **más preguntas de este tema**, y todos tus avances quedan registrados y se reflejan en el ranking.

¡Supera tus límites con MADTEST!

Solución al test n.º 8

1. c) 10 a 12 m.

2. a) Palatinos y maxilares.

3. a) Caliciformes.

4. b) Filiformes.

5. c) Premolar.

6. a) Temporal.

7. c) Digástricos.

8. c) Desde la vértebra C6 a D11.

9. c) Cardias.

10. c) De 6 a 7.

11. d) Colon transverso.

12. c) El músculo cricofaríngeo.

13. c) Cardias.

14. a) Conducto de Stenon.

15. a) Parótidas.

16. b) Sialorrea.

17. c) Conducto de Wirsung.

18. c) 1500.

19. b) El hígado.

20. b) Hígado.

TEST N.º 9

Conceptos de nutrición enteral y parenteral. Tipos de sondas. Cuidados del paciente con sonda nasoentérica y con gastro-enterostomías. Métodos de preparación y administración en la nutrición enteral: clasificación de las fórmulas, preparación, formas de administración, precauciones generales respecto a la administración. Complicaciones de la administración de la nutrición enteral

1. ¿En qué posición se colocará al paciente para alimentación enteral mediante sonda nasogástrica?

a) Sims.
b) Trendelemburg.
c) Fowler.
d) Morestin.

2. La alimentación enteral mediante sonda nasogástrica se denomina también alimentación:

a) Artificial.
b) Natural.
c) Facilitada.
d) Forzada.

3. El equipo de infusión debe cambiarse en alimentación enteral por sonda en pacientes intubados cada:

a) 6 horas.
b) 12 horas.
c) 24 horas.
d) 48 horas.

4. ¿En qué posición se debe colocar a un paciente para alimentar, que tiene insertado un tubo de gastrostomía?

a) En posición de Sims.
b) En posición de Trendelemburg.

c) En posición de Fowler.
d) En posición de Morestin.

5. ¿Qué complicación por la nutrición con sonda es considerada más grave?

a) Diarreas.
b) Broncoaspiración.
c) Obstrucción de la sonda.
d) Estreñimiento.

6. La nutrición periférica hipocalórica es la nutrición:

a) Enteral periférica.
b) Enteral central.
c) Parenteral central.
d) Parenteral periférica.

7. La nutrición parenteral está indicada en todos los casos excepto:

a) Paciente con diarreas crónicas severas.
b) Paciente que vomita durante largo periodo de tiempo.
c) Paciente con intolerancia a la alimentación por sonda.
d) Está indicada en todos los anteriores.

8. Podemos definir la nutrición enteral como:

a) La administración de fórmulas enterales por vía digestiva.
b) La administración de nutrientes por vía parenteral.
c) La administración de nutrientes a un paciente con problemas nutricionales.
d) La administración de suero por medio de una sonda nasogástrica.

9. Una de las formas que tenemos para la administración de la nutrición enteral es la administración mediante sonda nasogástrica. La alimentación por SNG también se conoce como:

a) Alimentación natural.
b) Alimentación forzada.
c) Alimentación enteral.
d) Alimentación artificial.

10. Una de las formas que tenemos para la administración de la nutrición enteral es la administración mediante sonda nasogástrica, para colocar la SNG deberemos poner al paciente en la posición:

a) Fowler.
b) Prono.

c) Supino.
d) Mahometano.

11. A la hora de administrar alimentos por la SNG podremos escoger entre ali-mentación artesanal o preparados comerciales. Los preparados comerciales pre-sentan como ventaja:

a) Una alta manipulación.
b) Una nutrición completa y equilibrada.
c) La dosis es la correcta.
d) La alimentación artesanal presentan más ventajas.

12. La alimentación por SNG está indicada en pacientes que presentan malnu-trición por diferentes causas. Antes de iniciar la alimentación deberemos limpiar la sonda mediante:

a) La introducción de 30 cc de agua caliente.
b) La introducción de 30 cc de aire.
c) La introducción de la guía de la SNG.
d) La sonda no debe ser limpiada antes de proceder a la alimentación, sólo después.

13. ¿Cuál de las sondas que se nombran se introduce por un procedimiento quirúrgico a través de la pared abdominal hasta el estómago?

a) Sonda nasogástrica.
b) Sonda de gastrostomía.
c) Sonda de yeyunostomía.
d) Sonda nasoentérica.

14. Definimos la gastrostomía como el procedimiento a través del cual se abre una comunicación entre el estómago y el exterior a través de un tubo; para realizar la alimentación deberemos tener en cuenta que:

a) La nutrición deberá estar a 37 ºC.
b) El paciente deberá estar en posición supina.
c) Deberemos limpiar el tubo tras la alimentación.
d) Deberemos dejar la sonda abierta para evitar la formación de gases.

15. Las complicaciones de la nutrición enteral van a variar dependiendo de la vía que se utilice; así, los problemas de carácter digestivo que pueden surgir en la alimentación:

a) Trastornos electrolíticos.
b) Diarreas.
c) Broncoaspiración.
d) Infecciones.

16. Entre las complicaciones de la nutrición parenteral destaca:

a) Flebitis.
b) Neumotórax.
c) Infección en la entrada del catéter.
d) Todas son correctas.

17. Está indicada la nutrición parenteral total en:

a) Pacientes que vomitan durante un largo período de tiempo.
b) Pacientes con diarreas crónicas severas.
c) Pacientes con intolerancia a la alimentación por sonda.
d) Todas son correctas.

18. Las bolsas que contienen la nutrición parenteral, tienen una capacidad de:

a) 3 litros.
b) 3,5 litros.
c) 4 litros.
d) 5 litros.

19. ¿Cómo se denomina al aporte alimenticio que se realiza a través de una sonda que va directamente hasta el estómago o al intestino?

a) Alimentación enteral.
b) Alimentación oral.
c) Alimentación parenteral.
d) Alimentación por vía central.

20. ¿En qué posición deberás colocar a un paciente para aplicar el procedimiento de alimentación por sonda nasogástrica?

a) En trendeleburg.
b) En posición de Sims.
c) En decúbito prono.
d) En posición de Fowler.

En MADTEST tienes **más preguntas de este tema,** y todos tus avances quedan registrados y se reflejan en el ranking.

¡Supera tus límites con MADTEST!

Solución al test n.º 9

1. c) Fowler.

2. d) Forzada.

3. c) 24 horas.

4. c) En posición de Fowler.

5. b) Broncoaspiración.

6. d) Parenteral periférica.

7. d) Está indicada en todos los anteriores.

8. a) La administración de fórmulas enterales por vía digestiva.

9. b) Alimentación forzada.

10. a) Fowler.

11. b) Una nutrición completa y equilibrada.

12. a) La introducción de 30 cc de agua caliente.

13. b) Sonda de gastrostomía.

14. c) Deberemos limpiar el tubo tras la alimentación.

15. b) Diarreas.

16. d) Todas son correctas.

17. d) Todas son correctas.

18. d) 5 litros.

19. a) Alimentación enteral.

20. d) En posición de Fowler.

Características de la orina. Cambios en el aparato urinario con el envejecimiento. Patologías más frecuentes del aparato urinario en el paciente geriátrico. El balance hídrico y el control de diuresis. Sondaje vesical: procedimiento, obtención de una muestra de orina estéril de una sonda Foley, cuidados de enfermería en el paciente con sonda permanente, el lavado vesical. Dispositivos de recogida externa de orina: cuña y botella. Características de las heces. Incontinencia fecal (IF): clasificación, colocación de sondas rectales y administración de enemas

1. ¿Qué mecanismo emplean los riñones para limpiar la sangre de sustancias de desechos?

a) Difusión simple.
b) Precipitación.
c) Reabsorción.
d) Filtración glomerular.

2. El transporte de la orina desde los riñones a la vejiga urinaria se realiza mediante:

a) Los riñones.
b) Los uréteres.
c) Las glándulas suprarrenales.
d) La uretra.

3. ¿Cuál es el órgano u órganos principales del aparato urinario, esencial por su función de filtrado?

a) Los riñones.
b) La vejiga.
c) Las glándulas suprarrenales.
d) Ninguno de los anteriores.

4. ¿Qué hormona renal interviene en el funcionamiento de un sistema regulador de la presión arterial?

a) Eritropoyetina.
b) Renina.
c) Aldosterona.
d) Renopresina.

5. Todo lo que se describe de los riñones es cierto, excepto que:

a) Pesan aproximadamente entre 110 y 180 g.
b) Tienen forma de habichuela.
c) Están situados en la región lumbar.
d) El riñón derecho está ligeramente más alto que el izquierdo.

6. La zona de la corteza renal situada entre cada dos pirámides se denomina:

a) Pirámide de Malpighi.
b) Columna de Bertin.
c) Papila renal.
d) Cáliz renal.

7. ¿Cómo se denomina la unidad anatomofuncional de los riñones?

a) Glomérulo.
b) Corpúsculo renal.
c) Nefrona.
d) Unidad anatomofuncional de Bowman.

8. ¿En el interior de qué estructura concreta se recoge la orina filtrada del glomérulo?

a) En la cápsula de Wilson.
b) En la red capilar.
c) En el asa de Henle.
d) En el espacio de Bowman.

9. ¿Qué forma tienen las asas de Henle?

a) Tienen forma de Y.
b) Tienen forma de T.
c) Tienen forma de U.
d) Tienen forma de S.

10. ¿Qué estructura conductora del riñón desagua directamente en los cálices renales?

a) Asas de Henle.
b) Túbulos contorneados proximales (TCP).

c) Túbulos contorneados distales (TCD).
d) Túbulos colectores (TC).

11. ¿Qué estructura de la nefrona está situada en la médula renal?

a) TCD.
b) TCP.
c) Glomérulos.
d) Asas de Henle.

12. ¿Qué estructuras entran y salen por el hilio renal?

a) Entran la arteria renal y el uréter, y salen la vena renal y el nervio renal.
b) Entran la arteria y el nervio renal, y salen la vena renal y el uréter.
c) Entran la vena y el nervio renal, y salen la arteria renal y el uréter.
d) Entran la vena renal y el uréter, y salen la arteria renal y el nervio renal.

13. ¿Qué longitud aproximada tienen los uréteres (en cm)?

a) 10.
b) 15.
c) 20.
d) 30.

14. La uretra comienza en la vejiga urinaria en:

a) Su cara posterior.
b) Su vértice superior.
c) Sus caras laterales.
d) Su vértice inferior.

15. ¿Cuánto mide aproximadamente la uretra de una mujer (en cm)?

a) 20.
b) 12.
c) 8.
d) 4.

16. ¿En qué uretra de estas está en el pene?..

a) Uretra prostática.
b) Uretra membranosa.
c) Uretra cavernosa.
d) La uretra no llega al pene.

17. En condiciones normales de la sangre se filtra en las nefronas todo lo que se expone excepto:

a) Agua.
b) Células y moléculas de mediano y alto peso molecular.
c) Glucosa.
d) Sal (cloruro sódico).

18. ¿Cuántos litros se filtran al día en los riñones aproximadamente?

a) 90.
b) 180.
c) 280.
d) 800.

19. ¿Qué prueba permite valorar el buen funcionamiento del riñón?

a) Aclaramiento renal.
b) Densidad sanguínea.
c) Cuerpos en orina.
d) Tensión arterial.

20. ¿Qué hormona interviene con su presencia en una menor cantidad de orina por aumento en la reabsorción de agua?

a) Aldosterona.
b) ADH.
c) Renina.
d) DHA.

En MADTEST tienes **más preguntas de este tema**, y todos tus avances quedan registrados y se reflejan en el ranking.

¡Supera tus límites con MADTEST!

Solución al test n.º 10

1. d) Filtración glomerular.

2. b) Los uréteres.

3. a) Los riñones.

4. b) Renina.

5. d) El riñón derecho está ligeramente más alto que el izquierdo.

6. b) Columna de Bertin.

7. c) Nefrona.

8. d) En el espacio de Bowman.

9. c) Tienen forma de U.

10. d) Túbulos colectores (TC).

11. d) Asas de Henle.

12. b) Entran la arteria y el nervio renal, y salen la vena renal y el uréter.

13. d) 30.

14. d) Su vértice inferior.

15. d) 4.

16. c) Uretra cavernosa.

17. b) Células y moléculas de mediano y alto peso molecular.

18. b) 180.

19. a) Aclaramiento renal.

20. b) ADH.

Paciente geriátrico y necesidad de movilización. Normas básicas de mecánica corporal. Técnicas de movilización para pacientes geriátricos: movilización del paciente geriátrico en la cama. Incorporación. Traslado. Ayudas a la deambulación. Cambios posturales en el paciente anciano

1. Cuando la movilización la realiza el propio paciente con la supervisión (sin ayuda física) del profesional sanitario, se dice que es:

a) Activa.
b) Activa auxiliada.
c) Pasiva supervisada.
d) Pasiva.

2. El desarrollo de un programa de ejercicios encaminado a conseguir el restablecimiento de las funciones disminuidas por la enfermedad es:

a) Movilización.
b) Fisioterapia.
c) Masoterapia.
d) Nada de lo anterior.

3. Las movilizaciones realizadas por el fisioterapeuta sobre los distintos segmentos corporales del paciente se denominan:

a) Inmovilizadas.
b) Activas contrarresistencia.
c) Pasivas.
d) Activas con resistencia.

4. ¿Qué causa física del inmovilismo es fisiológica?

a) La artrosis.
b) La osteoporosis.

c) La enfermedad de Parkinson.
d) Las producidas por el envejecimiento de las personas.

5. ¿Qué causa física del inmovilismo es de carácter neurológico?

a) La artrosis.
b) La osteoporosis.
c) La enfermedad de Parkinson.
d) Insuficiencia cardíaca.

6. ¿Cuál de estas no es una causa física del inmovilismo?

a) Envejecimiento fisiológico.
b) La osteoporosis.
c) La enfermedad de Parkinson.
d) La depresión.

7. ¿Qué consecuencia sobre la función respiratoria es cierta por el inmovilismo?

a) Aumento en los requerimientos de oxígeno.
b) Aumenta la capacidad respiratoria.
c) Se tiende instintivamente a respirar de forma más rápida y superficial.
d) Hay una estasis de secreciones, que puede acumularse y favorecer el medio para el crecimiento bacteriano.

8. ¿Qué función es la alterada debida al inmovilismo si se produce la presencia de una deprivación sensorial al disminuir los estímulos sensoriales (visuales, auditivos, táctiles…) que lleva al paciente a una mayor dependencia?

a) La función respiratoria.
b) La función motriz.
c) La función cognitiva.
d) La función metabólica.

9. ¿Qué cuestión de las que se apuntan facilitan el aumento de los niveles de actividad?

a) Usar restricciones físicas, que posibiliten realizar ejercicios que nunca antes había imaginado poder ejecutar.
b) Estar sondado o/y tener colocado algún tipo de dispositivo sanitario.
c) Implementar al paciente un plan de cuidados de actividad adaptado a sus características particulares.
d) Apagar las luces de noche, ya que calma al paciente e incrementa su actividad.

10. Los pasos a seguir en el modelo de aumento de la actividad deben dirigirse a la movilización de pacientes en la cama y posteriormente fuera de la cama, ¿en qué orden lógico?

a) Ejercicios pasivos y después activos, cambios posturales, sedestación, bipedestación, deambulación con ayudas y deambulación sin ayudas.

b) Ejercicios pasivos y después activos, cambios posturales, bipedestación, sedestación, deambulación con ayudas y deambulación sin ayudas.

c) Cambios posturales, ejercicios pasivos y después activos, sedestación, bipedestación, deambulación con ayudas y deambulación sin ayudas.

d) Cambios posturales, ejercicios pasivos y después activos, bipedestación, sedestación, deambulación con ayudas y deambulación sin ayudas.

11. ¿Qué regla básica de la dinámica corporal en el personal que realiza cambios posturales y transporte de personas es falsa?

a) Hacer el máximo uso de su centro de gravedad sosteniendo los objetos cerca del cuerpo.

b) Proteger la espalda, no doblándola incorrectamente y siempre haciendo uso de los músculos de las piernas para moverse y levantarse, así como otras medidas.

c) Nunca contraer los músculos abdominales y glúteos para estabilizar la pelvis antes de movilizar un objeto.

d) Reducir al mínimo la fricción o el roce entre el objeto en movimiento y la superficie en que está siendo movida.

12. Considerando exclusivamente la fuerza, el ángulo de tracción óptimo para cualquier músculo es de:

a) 30 grados.
b) 45 grados.
c) 60 grados.
d) 90 grados.

13. ¿Qué dato es falso en la observación al paciente antes de movilizarlo como paso previo?

a) Observar que los tubos de drenaje estarán en todo momento más bajos que el paciente.

b) Observar que la bolsa de orina estará de forma adecuada por debajo de la altura de la vejiga.

c) Obviar la observación de elementos de menor importancia (sondas, drenajes, sistemas de inmovilización, etc.).

d) Los botes de sueros (gotero) deben estar colocados en los soportes del cabecero preparado para tal fin.

14. Las úlceras por presión se evitan:

a) Con una sistemática de cambios posturales frecuentes.
b) La necesidad de una aplicación adecuada de buenas posiciones no es prioritaria.
c) Tomando todos los días la medicación recomendada.
d) Son ciertas las respuestas a) y c).

15. ¿Cuántos TCAEs se requieren como mínimo para un cambio postural de un enfermo no colaborador?

a) Uno solo.
b) Dos.
c) Tres.
d) Ninguno.

16. ¿Qué paso a seguir es incorrecto en el procedimiento para mover a un enfermo hacia el borde de la cama?

a) El auxiliar se ubicará en el lado de la cama hacia donde se moverá al enfermo.
b) Quitar toda la ropa de la cama, incluso la sábana encimera.
c) Colocar el brazo del paciente que se encuentre más cercano a nosotros a lo largo de su tórax.
d) Colocar un pie delante del otro y flexionar las rodillas.

17. ¿Cuáles son los motivos por el que se realiza el procedimiento de colocar al paciente en decúbito lateral?

a) Para proporcionar comodidad, para realizar la higiene de la zona posterior del cuerpo y para la ejecución de curas de la zona dorsal del cuerpo.
b) Para realizar la higiene de la zona anterior del cuerpo y para la ejecución de curas de la zona dorsal del cuerpo.
c) Para realizar la higiene de la zona posterior del cuerpo y para la ejecución de curas de la zona ventral del cuerpo.
d) Es una posición incómoda y solo es válida para mejorar la funcionalidad del aparato cardiovascular.

18. ¿Qué es falso del procedimiento de ayudar a un enfermo a ponerse de pie desde la cama colocando previamente al mismo en posición de decúbito lateral?

a) Elevar el segmento superior de la cama hasta conseguir un ángulo comprendido entre 45 y 60°.
b) Nos colocamos en la posición opuesta a las caderas del paciente y pasamos nuestro brazo más cercano a los hombros del enfermo por debajo de ellos, mientras que el otro brazo lo colocamos sobre el muslo más lejano.

c) Girar hacia la pierna de detrás de forma que las piernas del paciente se columpien hacia adelante y nuestro peso cambie a la pierna de atrás y con ello logramos que el enfermo esté sentado en el borde de la cama.

d) El tipo de posicionamiento previo en decúbito lateral debe ser el contrario con el lado hacia el cual se va a levantar al paciente.

19. ¿De qué posición es variante la posición de navaja sevillana?

a) De la posición de decúbito supino.
b) De la posición de decúbito prono.
c) De la posición de Fowler.
d) De la posición ginecológica.

20. ¿Para qué exploración se emplea la posición de navaja sevillana?

a) Coxis.
b) Axis.
c) Hemorroides.
d) Uréteres.

En MADTEST tienes **más preguntas de este tema**, y todos tus avances quedan registrados y se reflejan en el ranking.

¡Supera tus límites con MADTEST!

Solución al test n.º 11

1. b) De la posición de decúbito prono.

2. c) Hemorroides.

3. a) Activa.

4. a) Movilización.

5. c) Pasivas.

6. d) Las producidas por el envejecimiento de las personas.

7. c) La enfermedad de Parkinson.

8. d) La depresión.

9. d) Hay una estasis de secreciones, que puede acumularse y favorecer el medio para el crecimiento bacteriano.

10. c) La función cognitiva.

11. c) Implementar al paciente un plan de cuidados de actividad adaptado a sus características particulares.

12. c) Cambios posturales, ejercicios pasivos y después activos, sedestación, bipedestación, deambulación con ayudas y deambulación sin ayudas.

13. c) Nunca contraer los músculos abdominales y glúteos para estabilizar la pelvis antes de movilizar un objeto.

14. d) 90 grados.

15. c) Obviar la observación de elementos de menor importancia (sondas, drenajes, sistemas de inmovilización, etc.).

16. a) Con una sistemática de cambios posturales frecuentes.

17. b) Dos.

18. b) Quitar toda la ropa de la cama, incluso la sábana encimera.

19. a) Para proporcionar comodidad, para realizar la higiene de la zona posterior del cuerpo y para la ejecución de curas de la zona dorsal del cuerpo.

20. d) El tipo de posicionamiento previo en decúbito lateral debe ser el contrario con el lado hacia el cual se va a levantar al paciente.

TEST N.º 12

Concepto clínico de muerte. Manifestaciones observables de la ausencia de signos clínicos. Cambios en el cuerpo después de la muerte. Cuidados postmortem y normas de comportamiento. Atenciones a la familia

1. Respecto al duelo:

a) Existen duelos normales.
b) Existen duelos patológicos.
c) No todos los duelos se desarrollan de la misma manera.
d) Todo lo anterior es cierto.

2. El período inicial del duelo se caracteriza por:

a) La adaptación.
b) Un tiempo de dolor intenso.
c) Un periodo de soledad y aislamiento social.
d) El embotamiento y el shock.

3. La fase del duelo de anhelo y búsqueda dura:

a) Horas o días.
b) Semanas o meses.
c) Pocos años (entre 1 o 2).
d) Varios años.

4. ¿Qué fase del duelo del propio paciente (según la doctora K. Ross), recoge habitualmente las promesas que se hacen normalmente a Dios con el deseo de la curación o, por lo menos, la prolongación de la vida?

a) Fase de depresión preparatoria.
b) Fase de simplemente depresión.
c) Fase de pacto.
d) Fase de negación.

5. ¿Qué circunstancia producen un duelo patológico?

a) Si el duelo se reprime.
b) Si el duelo se pospone.
c) Si el duelo se prolonga.
d) Todo lo anterior es cierto.

6. ¿Qué tipo de duelo patológico es aquel donde los sentimientos se inhiben inicialmente apareciendo con posterioridad?

a) Duelo crónico.
b) Duelo ausente.
c) Duelo exagerado.
d) Duelo retrasado.

7. ¿Cuándo se dice que un duelo es crónico?

a) Cuando dura años.
b) Cuando no está resuelto en el tiempo.
c) Cuando no hay apenas progreso en las fases del duelo.
d) Todo lo anterior es cierto.

8. ¿Cuál de estas etapas de aceptación de la muerte (Kübler-Ross) suele ser cronológicamente la primera?

a) Ira.
b) Negociación.
c) Negación.
d) Aceptación.

9. ¿Qué etapa de aceptación de la muerte según Kübler-Ross es la de decatexis o muerte inminente?

a) Negociación.
b) Depresión reactiva.
c) Depresión profunda.
d) Depresión preparatoria.

10. ¿Cómo se denomina el fenómeno de separación gradual del paciente del mundo, que ocurre en la etapa de aceptación y paz ante la muerte?

a) Empatía.
b) Catarsis.
c) Decatexis.
d) Dislocación.

11. ¿Qué autora describe e identifica las etapas de aceptación de la muerte?

a) La Dra. Kübler-Ross.
b) La Dra. Burnout.
c) La Dra. Killiam.
d) La Dra. Childress.

12. ¿En qué etapa se está, de las de aceptación de la muerte, cuando el paciente se rebela contra la repentina sensación de impotencia para controlar su destino por sufrir una enfermedad terminal?

a) Etapa de negación.
b) Etapa de ira.
c) Etapa de negociación.
d) Etapa de depresión.

13. ¿En qué fase según Spoken está el paciente terminal que aún no conoce el diagnóstico ni el alcance de la enfermedad, pero la familia sí?

a) Fase de despreocupación.
b) Fase de inseguridad.
c) Fase de negación.
d) Fase de comunicación de la verdad.

14. ¿Qué término procedente del latín, muy usado sanitariamente significa muerte?

a) Mortaja.
b) Sudario.
c) Exitus.
d) Disfasia.

15. ¿Cuál de estos términos es sinónimo de "exitus"?

a) Defunción.
b) Deceso.
c) Óbito.
d) Son correctos todos los anteriores.

16. ¿Cuál de estos consideras un signo precoz de muerte?

a) Rigideces cadavéricas.
b) Enfriamiento del cadáver.
c) Ausencia completa de pulso.
d) Livideces cadavéricas.

17. ¿Cuál de los signos de muerte es tardío?

a) No se ausculta el latido cardíaco.
b) El pulso desaparece a la palpación.
c) Livideces.
d) EEG plano.

18. ¿Cómo se denomina el examen realizado sobre el cadáver de una persona fallecida a causa de enfermedad y que tiene como objetivo final la confirmación de las causas de la muerte?

a) Exclusivamente autopsia.
b) Autopsia judicial.
c) Autopsia forense.
d) Autopsia clínica.

19. ¿Cómo se denomina la decoloración que se manifiesta en la piel de un fallecido como consecuencia del cese de la circulación sanguínea?

a) Algor mortis.
b) Rigor mortis.
c) Livideces.
d) Astenor mortis.

20. ¿Cómo se produce el algor mortis en condiciones normales en un cadáver?

a) La pérdida de medio grado de temperatura por hora.
b) La presencia de livideces cada hora, en diferentes lugares y su desaparición al aparecer otras.
c) La pérdida de un grado de temperatura por hora.
d) La contracción ordenada y progresiva de los miembros en sentido próximo-distal.

En MADTEST tienes **más preguntas de este tema,** y todos tus avances quedan registrados y se reflejan en el ranking.

¡Supera tus límites con MADTEST!

Solución al test n.º 12

1. d) Todo lo anterior es cierto.

2. d) El embotamiento y el shock.

3. b) Semanas o meses.

4. c) Fase de pacto.

5. d) Todo lo anterior es cierto.

6. d) Duelo retrasado.

7. d) Todo lo anterior es cierto.

8. c) Negación.

9. d) Depresión preparatoria.

10. c) Decatexis.

11. a) La Dra. Kübler-Ross.

12. b) Etapa de ira.

13. a) Fase de despreocupación.

14. c) Exitus.

15. d) Son correctos todos los anteriores.

16. c) Ausencia completa de pulso.

17. c) Livideces.

18. d) Autopsia clínica.

19. c) Livideces.

20. c) La pérdida de un grado de temperatura por hora.

Las muestras de productos biológicos para analizar: concepto, tipos y normas generales de actuación. Las constantes vitales: la temperatura corporal. La respiración. El pulso. La tensión arterial. Medicamentos: presentación y administración. Efectos adversos de los medicamentos. Presentación, preparación y administración de medicamentos. Vías de administración de medicamentos. El secreto médico como obligación del auxiliar de enfermería

1. Está obligado a guardar secreto profesional:

a) El médico especialista.
b) El médico y el técnico especialista.
c) Todos los que intervengan en la acción sanitaria del paciente.
d) El médico, el técnico especialista, el enfermero y el TCAE.

2. ¿Qué se define como la obligación permanente de silencio que contrae el sanitario respecto a todo lo sabido o intuido sobre una o más personas en el transcurso de su relación profesional?

a) Responsabilidad profesional.
b) Secreto profesional.
c) Confidencialidad.
d) Nada de lo anterior es cierto.

3. El tiempo de vigencia del secreto profesional es hasta:

a) La duración de la relación con el paciente.
b) Toda la vida del paciente.
c) Los tres meses después de la relación con el paciente.
d) Incluso hasta después de la muerte del paciente.

4. ¿Cuál de los siguientes se consideran "deberes" de cualquier profesional sanitario en el ejercicio de su labor?

a) Secreto profesional.
b) Secreto personal.
c) Deber de no información.
d) Deber de acción u omisión.

5. ¿Qué condición es aquella que posee el secreto profesional del deber de guardar el hecho conocido cuando este pueda producir resultados nocivos o injustos sobre el paciente si se viola el mismo?

a) Condición moral.
b) Condición jurídica.
c) Condición legal.
d) Condición legítima.

6. ¿A quién obliga el secreto profesional a nivel de profesionales de la sanidad constituyentes de equipos o grupos de trabajo?

a) A los facultativos.
b) A los enfermeros.
c) A los auxiliares de enfermería.
d) A los profesionales integrantes del grupo de trabajo.

7. ¿Qué circunstancia no es objeto de secreto profesional para el celador?

a) Confidencias del paciente, aunque sean ajenas a lo profesional.
b) Los datos sobre salud y enfermedad del paciente.
c) Cuando reconozca a un cadáver que se sospeche que ha podido morir como consecuencia de algún acto delictivo, en tal caso, se da parte a la justicia.
d) Todos los datos que se conocen por causa del trabajo realizado con o sin autorización y consentimiento del paciente.

8. Cualquier menosprecio al secreto profesional será contrario a:

a) Los principios deontológicos de la práctica sanitaria.
b) Los principios éticos de la práctica sanitaria.
c) Los principios éticos y deontológicos de la práctica sanitaria.
d) Los principios éticos, deontológicos y legales de la práctica sanitaria.

9. ¿En qué artículo de la Constitución española se establece que la ley regulará el derecho a la cláusula de conciencia y al secreto profesional en el ejercicio de estas libertades?

a) En el artículo 18.
b) En el artículo 19.

c) En el artículo 20.
d) En el artículo 21.

10. ¿En qué ley se establece que «toda persona tiene derecho a que se respete el carácter confidencial de los datos referentes a su salud, y a que «nadie pueda acceder a ellos sin previa autorización amparada por la ley»?

a) Ley General de Sanidad.
b) Ley de Autonomía del paciente.
c) Ley de garantías y uso racional de los medicamentos y productos sanitarios.
d) Constitución española.

11. El hecho del quebranto de la debida reserva respecto a datos relativos al centro o institución o a la intimidad personal de los usuarios y a la información relacionada con su proceso y estancia en las instituciones o centros sanitarios, recogido en el Estatuto Marco del personal estatutario de los Servicios de Salud es considerado como constitutivo de:

a) Delito a la salud.
b) Falta disciplinaria muy grave.
c) Falta disciplinaria grave.
d) Falta disciplinaria leve.

12. ¿En qué ley se regulan los usos de la Historia Clínica, donde se expone concisamente que el personal sanitario queda sujeto al deber de secreto?

a) General de Sanidad.
b) De Autonomía del paciente.
c) De garantías y uso racional de los medicamentos y productos sanitarios.
d) De Protección de datos.

13. La violación del secreto profesional puede ocasionar:

a) Exclusivamente responsabilidad civil.
b) Exclusivamente responsabilidad penal.
c) Responsabilidad civil y responsabilidad penal.
d) Responsabilidad profesional o estatutaria, responsabilidad civil y responsabilidad penal.

14. ¿Con qué pena se castiga el delito grave del simple acceso a la Historia Clínica sin autorización?

a) Se castiga con no menos de seis meses de prisión.
b) Se castiga con no menos de un año de prisión.
c) Se castiga con no menos de dos años de prisión.
d) Se castiga con no menos de seis años de prisión.

15. ¿En qué circunstancias de estas el sanitario puede romper el secreto profesional?

a) Cuando haya peligro para la Salud Pública o esté en juego la vida de terceras personas.

b) Cuando declara como imputado en una causa penal.

c) En aquellos en los que atienden a personas que no hayan podido ser víctimas de un delito, pero sí de un hecho irresponsable, sin grandes consecuencias, pero debe conocerse.

d) En todas las circunstancias anteriores.

16. ¿Qué tipo de actuación profesional no obliga al secreto profesional?

a) Actos no asistenciales, como los que puede realizar el celador.

b) Actos asistenciales, como los que puede realizar el enfermero.

c) Actos de inspección facultativa.

d) Si se conculca el derecho a la vida, la integridad psicofísica o la libertad de otra u otras personas.

17. ¿En qué circunstancias los profesionales sanitarios no están sujetos a guardar el secreto profesional?

a) Cuando la información tratada del enfermo es de índole doméstica.

b) Ante la denuncia de hechos constitutivos de delito o cuando comparece como testigo.

c) Cuando ha pasado un período de tiempo sustancial, el secreto profesional no tiene efectos.

d) Están sujetos siempre a guardar el mismo.

18. ¿Cuál es la quinta constante vital junto a la temperatura, respiración, pulso y tensión arterial?

a) Presión intraarterial (PIA).

b) Presión capilar central (PCC).

c) Presión venosa periférica (PVP).

d) Dolor.

19. ¿En la toma de qué constante vital no hay que avisar al enfermo acerca de lo que se le va a hacer?

a) Temperatura.

b) Pulso.

c) Respiración.

d) Tensión arterial.

20. ¿Cómo se denomina la presión que la sangre ejerce en el interior de las venas que entran en el corazón?

a) Presión arterial central (PAC).
b) Presión diastólica (PD).
c) Presión venosa central (PVC).
d) Tensión arterial (TA).

En MADTEST tienes **más preguntas de este tema**, y todos tus avances quedan registrados y se reflejan en el ranking.

¡Supera tus límites con MADTEST!

Solución al test n.º 13

1. c) Todos los que intervengan en la acción sanitaria del paciente.

2. b) Secreto profesional.

3. d) Incluso hasta después de la muerte del paciente.

4. a) Secreto profesional.

5. a) Condición moral.

6. d) A los profesionales integrantes del grupo de trabajo.

7. c) Cuando reconozca a un cadáver que se sospeche que ha podido morir como consecuencia de algún acto delictivo, en tal caso, se da parte a la justicia.

8. d) Los principios éticos, deontológicos y legales de la práctica sanitaria.

9. c) En el artículo 20.

10. b) Ley de Autonomía del paciente.

11. b) Falta disciplinaria muy grave.

12. b) De Autonomía del paciente.

13. d) Responsabilidad profesional o estatutaria, responsabilidad civil y responsabilidad penal.

14. c) Se castiga con no menos de dos años de prisión.

15. a) Cuando haya peligro para la Salud Pública o esté en juego la vida de terceras personas.

16. d) Si se conculca el derecho a la vida, la integridad psicofísica o la libertad de otra u otras personas.

17. b) Ante la denuncia de hechos constitutivos de delito o cuando comparece como testigo.

18. d) Dolor.

19. c) Respiración.

20. c) Presión venosa central (PVC).

TEST N.º 14

Centros de atención y asistencia al anciano: definición y tipos. El mayor válido y el mayor asistido en el centro residencial. Estructura organizativa de los centros residenciales. Concepto de Gerontología. El envejecimiento: definición. Aspectos generales de las características fisiológicas del envejecimiento. Modificaciones en el envejecimiento por órganos y sistemas. Cuidados de la boca y los pies en el paciente mayor. Aspectos psicológicos de la ancianidad. Aspectos sociales de la ancianidad

1. ¿A qué tipo de ente de atención a la vejez se parece más el modelo de recogida de ancianos indigentes y desahuciados? Al modelo institucional de:

a) Hogar del pensionista.
b) Asilo.
c) Residencia.
d) Convivencia en familia.

2. ¿Qué instituciones de carácter público no sigue a rajatabla el modelo de institución total propugnado por Goffman?

a) Las residencias geriátricas.
b) Las cárceles.
c) Los centros psiquiátricos.
d) Lo siguen todas las anteriores.

3. ¿Qué afirmación no es cierta de los centros gerontológicos?

a) Lugar de estancias temporales para el mayor portador de algún grado de dependencia.
b) Lugar de estancias definitivas para el mayor portador de algún grado de dependencia.
c) Lugar donde el anciano tenga un proyecto de vida, y donde reciba atenciones de distintos profesionales (enfermeros, trabajador social, psicólogo, terapeuta ocupacional, etc.) con objetivos comunes centrados en las necesidades del mayor.
d) Centros que ofrecen atención íntegra y vivienda permanente a personas con más de 50 años no dependientes.

153

4. ¿Qué aspecto no cumple la institución total propugnada por Goffman?

a) Lugar donde residen grupos de personas.
b) Formalmente administrados.
c) No separados de la comunidad.
d) Presentan una situación común.

5. ¿Qué tipo de objetivo no se corresponde sobre los cuidados administrados en un centro gerontológico?

a) Fomentar los contactos con la comunidad y la familia.
b) Estimular la coordinación sociosanitaria.
c) Preservar la higiene del Centro.
d) Aplicar cuidados de calidad sobre la base de las evidencias clínicas disponibles.

6. ¿Qué número aproximado de plazas poseerán las residencias de tamaño mínimo para conseguir una rentabilidad económica?

a) Entre 20 y 50 plazas (35 de promedio).
b) Entre 40 y 80 plazas (60 de promedio).
c) Entre 60 y 100 plazas (80 de promedio).
d) Entre 120 y 250 plazas (185 de promedio).

7. ¿Qué tamaño, en cuanto al número de plazas, se recomienda en Europa que no se debe sobrepasar un centro gerontológico?

a) No más de 50 plazas.
b) No más de 90 plazas.
c) No más de 150 plazas.
d) No más de 250 plazas.

8. ¿Qué tipos de cuidados se ofrecen en los centros para enfermos terminales o en fin de vida?

a) Cuidados psicogeriátricos.
b) Cuidados terminales.
c) Cuidados fisicogeriátricos.
d) Cuidados paliativos.

9. ¿Qué residencias acogen a personas que son autónomas para la realización de las actividades de la vida diaria y a aquellas con alguna minusvalía física y/o psíquica que precisa cuidados?

a) Residencias de válidos.
b) Residencias de asistidos.

c) Residencias de dependientes.
d) Residencias de tipo mixto.

10. ¿Cómo se denominan las residencias que acogen a personas que son autónomas para la realización de las actividades de la vida diaria y les ofrecen una asistencia integral?

a) Residencias de válidos.
b) Residencias de asistidos.
c) Residencias de no dependientes.
d) Residencias de tipo mixto.

11. Según la financiación las residencias se dividen en:

a) De dependencia leve, moderada y grave.
b) Residencias de válidos, residencias de plazas asistidas y las residencias mixtas.
c) Públicas, privadas o mixtas.
d) Centros psicogeriátricos (enfermedad de Alzhéimer, otros tipos de demencia, etc.), neumópatas, cardiópatas y para enfermos terminales.

12. ¿Bajo qué patrón se clasificarán las residencias de ancianos si se miden por un reconocimiento ISO, UNE, AENOR, etc.?:

a) Se clasificarán atendiendo a patrones socioeconómicos.
b) Se clasificarán atendiendo a las patologías que se atienden.
c) Se clasificarán atendiendo a la calidad del servicio.
d) Se clasificarán atendiendo a la autonomía o no de los pacientes.

13. ¿Qué conceptos prevalecen en la tipología de los residentes de un centro geriátrico?

a) Tipología de dependencia de algún grado.
b) Tipología variada.
c) Tipología de falta de autonomía.
d) Tipología variada y con dependencia de algún grado.

14. ¿Cómo calificarías a una persona que es incapaz, que no puede decidir sobre su vida?

a) Persona con autonomía.
b) Persona dependiente.
c) Persona independiente.
d) Persona con pérdida de autonomía.

15. ¿Cuál de estos consideras objetivo general de los centros residenciales?

a) Proporcionar una buena calidad asistencial de los ancianos atendidos: reducción de mortalidad, incapacidad y aumentando su autonomía personal.
b) Ofrecer atención integral y vivienda permanente a personas mayores, con algún tipo de problemática familiar, social y/o económica.
c) Desarrollar programas de animación sociocultural.
d) Prevenir el incremento de la dependencia.

16. ¿En qué zona de la institución residencial se dan los mayores conflictos de convivencia?

a) Se dan más en el comedor.
b) Se dan más en la sala
c) Se dan más en el "hall".
d) Se dan más en la cafetería.

17. ¿De qué factor de estos depende el tiempo de las actuaciones para facilitar la adaptación del nuevo residente al centro geriátrico?

a) De las características y recursos personales del residente.
b) De las características y recursos familiares del residente.
c) De las características y recursos sociales y emocionales del residente.
d) De todos los factores anteriores.

18. ¿Qué aspecto de estos provoca los mayores niveles satisfactorios de convivencia e integración que se va forjando dentro de la residencia de ancianos?

a) El factor de solidaridad de grupo.
b) El mejor trato de los auxiliares.
c) La mayor vigilancia de los facultativos.
d) Una dieta diaria satisfactoria y variada.

19. ¿Cuál es la pérdida más sensible que aparece en un primer momento tras el ingreso en una residencia de ancianos?

a) La ausencia del contexto social anterior al ingreso.
b) La escasez de visitas.
c) Su adaptación a nuevos cuidadores.
d) Las diferencias estructurales y arquitectónicas entre lo anterior y lo nuevo.

20. ¿Qué finalidad posee la ayuda a domicilio, facilitando la autonomía personal y familiar, procurando la permanencia en el medio habitual de convivencia?

a) La Ayuda a Domicilio tiene una finalidad preventiva y restauradora.
b) La Ayuda a Domicilio tiene una finalidad curativa y educativa.
c) La Ayuda a Domicilio tiene una finalidad preventiva, asistencial e integradora.
d) La Ayuda a Domicilio tiene una finalidad curativa, socioeconómica y asistencial.

En MADTEST tienes **más preguntas de este tema**, y todos tus avances quedan registrados y se reflejan en el ranking.

¡Supera tus límites con MADTEST!

Solución al test n.º 14

1. b) Asilo.

2. a) Las residencias geriátricas.

3. d) Centros que ofrecen atención íntegra y vivienda permanente a personas con más de 50 años no dependientes.

4. c) No separados de la comunidad.

5. b) Estimular la coordinación sociosanitaria.

6. c) Entre 60 y 100 plazas (80 de promedio).

7. c) No más de 150 plazas.

8. d) Cuidados paliativos.

9. d) Residencias de tipo mixto.

10. a) Residencias de válidos.

11. c) Públicas, privadas o mixtas.

12. c) Se clasificarán atendiendo a la calidad del servicio.

13. d) Tipología variada y con dependencia de algún grado.

14. d) Persona con pérdida de autonomía.

15. b) Ofrecer atención integral y vivienda permanente a personas mayores, con algún tipo de problemática familiar, social y/o económica.

16. a) Se dan más en el comedor.

17. d) De todos los factores anteriores.

18. a) El factor de solidaridad de grupo.

19. a) La ausencia del contexto social anterior al ingreso.

20. c) La Ayuda a Domicilio tiene una finalidad preventiva, asistencial e integradora.

TEST N.º 15

Introducción a la Geriatría. Concepto y objetivos. Valoración geriátrica integral: clínica, funcional, mental, social. Consideraciones sobre la actitud del profesional sanitario ante el enfermo geriátrico. Morbilidad y mortalidad del paciente geriátrico. Enfermedades más frecuentes en el anciano. Síndromes geriátricos: caídas, insomnio, síndrome confusional agudo (SCA) o delírium, discapacidad física, inmovilismo

1. ¿Cuántos años aproximadamente más se incrementa la esperanza de vida en España al llegar una persona a la edad de 65 años?

a) Se incrementa aproximadamente 4 años.
b) Se incrementa aproximadamente 8 años.
c) Se incrementa aproximadamente 18 años.
d) Se incrementa aproximadamente 25 años.

2. ¿Qué factor de los que hay que tener en cuenta por el incremento de gerontes en la población es el que se traduce por un aumento de la frecuencia absoluta de enfermedades en el anciano?

a) Factor social.
b) Factor económico.
c) Factor terapéutico.
d) Factor epidemiológico.

3. ¿Qué edad en el anciano de las que se exponen está definida por el envejecimiento de sus órganos y tejidos?

a) Edad psíquica.
b) Edad fisiológica.
c) Edad cronológica.
d) Edad social.

4. La vejez propiamente dicha se denomina también:

a) Madurez precoz.
b) Decrepitud.
c) Madurez tardía.
d) Caquexia senil.

5. La senectud se caracteriza por:

a) Un marasmo senil.
b) La no persistencia de la vejez propiamente dicha.
c) La falta de alteraciones parenquimatosas y glandulares.
d) Nada de lo anterior.

6. La decrepitud senil se denomina:

a) Vejez senil o ancianidad.
b) Caquexia senil o ancianidad precoz.
c) Marasmo senil o ancianidad precoz.
d) Caquexia senil o marasmo senil.

7. ¿Qué edad se corresponde con el estado funcional de los órganos de nuestro cuerpo comparados con patrones estándar establecidos para cada edad o grupos de edad?

a) Edad cronológica.
b) Edad biológica.
c) Edad social.
d) Edad funcional.

8. ¿Qué edad expresa la capacidad de mantener los roles personales y la integración social del individuo en la comunidad, para lo que se precisa conservar razonables cotas de capacidades físicas?

a) Edad cronológica.
b) Edad biológica.
c) Edad psicológica.
d) Edad funcional.

9. ¿Qué forma poseerá la pirámide de Burgdöfer si es la representación de una población joven?

a) Forma triangular.
b) Forma ojival.
c) Forma rectangular.
d) Forma de ánfora.

10. ¿Cómo se denominará, atendiendo al índice de Sundbarg, la población que posee un valor del 15 %?

a) Población levemente progresiva.
b) Población muy progresiva.
c) Población estacionaria.
d) Población regresiva.

11. ¿Qué población predominará, según las edades, si el índice de Sundbarg vale 15 %?

a) Población joven, con más niños que propiamente jóvenes.
b) Población joven, con más jóvenes que niños.
c) Población de transición, entre jóvenes y ancianos (adultos no ancianos).
d) Población envejecida, donde predominan los ancianos sobre las demás edades.

12. Al conjunto de niveles de atención que, desde una óptica sanitaria y social, debe garantizar la calidad de vida de los ancianos habitantes de un área sectorizada, proporcionando respuestas adecuadas a las diferentes situaciones de enfermedad o de dificultad social que aquellos presenten, se denomina:

a) Trabajo social geriátrico.
b) Asistencia geriátrica.
c) Cuidados gerontes.
d) Institucionalización del anciano.

13. ¿Qué dispositivo de carácter social o de apoyo a la convivencia consideras una institución cerrada?

a) Asilos.
b) Clubes de ancianos (hogar del pensionista).
c) Ayuda a domicilio.
d) Centros de día.

14. De las que se nombran, ¿cuál de las causas de alta hospitalaria en mayores de 65 años es más frecuente?

a) Enfermedades del aparato respiratorio.
b) Tumores.
c) Enfermedades del aparato digestivo.
d) Enfermedades del aparato cardiocirculatorio.

15. ¿Cuál de los dispositivos de carácter sanitario a nivel geriátrico es de segundo nivel?

a) Centros de salud.
b) Hospital de día geriátrico.
c) Hospital de cuidados continuados.
d) Ninguno de los anteriores.

16. ¿Sobre qué metodología del acto geriátrico de valoración es necesario realizarla de la manera más real posible?

a) Respecto a las actividades básicas de la vida diaria (ABVD o AVD).
b) Respecto a las actividades complejas de la Vida diaria (ACVD).
c) Respecto a las actividades instrumentales de la vida diaria (AIVD).
d) Respecto a las actividades usuales diarias (AUD).

17. ¿Cómo debe ser la atención a los ancianos?

a) Parcelar.
b) Social.
c) Integral.
d) Vital.

18. El anciano que, siendo frágil, sufre problemas mentales y/o sociales en relación con su estado de salud, enfermedades de base crónica y manifiesta dependencia para las actividades básicas de la vida diaria, por lo que precisa ayuda de otros (que generalmente requiere institucionalización), se denomina:

a) Anciano frágil propiamente dicho.
b) Anciano sano.
c) Anciano enfermo.
d) Paciente geriátrico.

19. ¿Qué valoración de estas consideras más capaz de indagar en profundidad sobre las necesidades del anciano, siendo realmente la piedra angular de la geriatría?

a) La valoración geriátrica integral.
b) La valoración estructurada por Necesidades Básicas.
c) La valoración estructurada por Patrones Funcionales de Salud.
d) Ninguna de las anteriores.

20. ¿Qué abarca el aspecto multidimensional de la valoración geriátrica integral?

a) Abarca todo aquello a nivel físico y psíquico.
b) Abarca todo aquello a nivel físico, psíquico y socioambiental.
c) Abarca todo aquello a nivel físico, funcional, psíquico y socioambiental.
d) Abarca todo aquello a nivel funcional, psíquico y socioambiental.

En MADTEST tienes **más preguntas de este tema**, y todos tus avances quedan registrados y se reflejan en el ranking.

¡Supera tus límites con MADTEST!

Solución al test n.º 15

1. c) Se incrementa aproximadamente 18 años.

2. d) Factor epidemiológico.

3. b) Edad fisiológica.

4. c) Madurez tardía.

5. c) La falta de alteraciones parenquimatosas y glandulares.

6. d) Caquexia senil o marasmo senil.

7. b) Edad biológica.

8. d) Edad funcional.

9. a) Forma triangular.

10. d) Población regresiva.

11. d) Población envejecida, donde predominan los ancianos sobre las demás edades.

12. b) Asistencia geriátrica.

13. a) Asilos.

14. d) Enfermedades del aparato cardiocirculatorio.

15. b) Hospital de día geriátrico.

16. a) Respecto a las actividades básicas de la vida diaria (ABVD o AVD).

17. c) Integral.

18. d) Paciente geriátrico.

19. a) La valoración geriátrica integral.

20. c) Abarca todo aquello a nivel físico, funcional, psíquico y socioambiental.

TEST N.º 16

Hábitos de vida saludables en el anciano: el hábito de la higiene en el anciano, las prendas de vestir, la actividad física, la actividad sexual, el ocio y la dieta. Concepto de terapia ocupacional. Objetivos de la terapia ocupacional en personas mayores. Actividades de terapia ocupacional en personas mayores: actividades de la vida diaria, de ocio, de revitalización geriátrica, físicas y deportivas

1. ¿Qué mal hábito de los que supuestamente se expresan no es correcto?

a) El consumo de tabaco aumenta el riesgo de padecer cáncer de pulmón.
b) Una dieta rica en proteínas puede provocar enfermedades cardiacas, por ser riesgo aterosclerótico.
c) La promiscuidad y los hábitos inadecuados en el campo de la sexualidad pueden aumentar la incidencia de las enfermedades transmisibles.
d) Una nutrición escasa puede conducir a importantes deficiencias.

2. ¿Qué se entiende por "la capacidad de la persona de efectuar sin ayuda las actividades de la vida diaria"?

a) Autocuidado.
b) Autoestima.
c) Autovaloración.
d) Autovalidez.

3. ¿Qué actividades instrumentales de la vida diaria consideras de manejo social?

a) Llevar apropiadamente el presupuesto doméstico y manejo de dinero.
b) Realizar la limpieza doméstica.
c) Ser capaz de utilizar los electrodomésticos de limpieza y otros de la vivienda.
d) Elaborar la comida y realizar de la lista de la compra.

4. En cuanto a la imagen y cuidado personal del anciano es cierto:

a) El cuidador debe prestar atención a su propia imagen, aunque el anciano no lo haga y pueda autocuidarse.

b) El cuidador debe prestar atención a su propia imagen, fomentando el autocuidado y la posibilidad de que el anciano adquiera su aprendizaje, incluso disfrute también de su imagen.

c) El cuidador no debe prestar atención a su propia imagen, aunque el anciano si lo haga y pueda autocuidarse.

d) El cuidador no debe prestar atención a su propia imagen, incluso si el anciano no lo hace y pueda autocuidarse.

5. ¿Qué otras necesidades, además de las vitales (Maslow), deben cubrirse en una residencia?

a) Debe ser eliminación.

b) Debe ser higiene.

c) Debe ser amor y pertenencia.

d) Debe ser alimentación.

6. ¿A partir de qué edad se ha comprobado tanto en hombres como en mujeres que existe una disminución de la libido, aunque existe luego?

a) 55 años.

b) 65 años.

c) 70 años.

d) 85 años.

7. ¿Qué es falso de los efectos sobre el varón si posee una disminución del nivel de andrógenos?

a) Retardo del orgasmo (a veces sin eyaculación).

b) Respuesta de excitación más lenta y menos potente (no se pierde la erección).

c) Retardo en la aparición de la fase de meseta.

d) No afecta el deseo sexual ni el nivel de motivación.

8. Los cuidados de la boca en los ancianos van dirigidos a:

a) Evitar la caries, aunque no tengan buena higiene bucodental.

b) Conservar en buenas condiciones la cavidad bucal.

c) Evitar el deterioro y caída de los dientes.

d) Conservar en buenas condiciones la cavidad bucal y evitar el deterioro y caída de los dientes.

9. ¿Cada cuánto tiempo debe realizar el anciano una revisión con el dentista u odontólogo/estomatólogo?

a) Cada 3 meses.
b) Cada 6 meses.
c) Cada 9 meses.
d) Cada año.

10. ¿Qué aspecto de los que se indican no se incluye en los cuidados de la boca?

a) Ayudar al paciente a adaptarse a la nueva dentadura, enseñándole a usar carrillos y lengua mientras habla o come.
b) Enseñar al paciente a colocarse la dentadura.
c) Enseñar al paciente a limpiar la prótesis dental, fuera de la boca.
d) Se incluye todo lo anterior.

11. ¿Cuántas veces se recomienda cepillar el pelo?

a) Una vez al día.
b) Dos veces al día.
c) Una vez cada dos días.
d) Una vez a la semana.

12. ¿Cada cuánto tiempo se recomienda al anciano lavarse el pelo?

a) Una vez al día.
b) Una vez a la semana.
c) Una vez cada quince días.
d) Una vez cada mes.

13. ¿Cada cuánto tiempo el anciano debe hidratar las uñas y su cutícula para mantenerlas blandas y evitar que se rompan?

a) Cada día.
b) Cada tres días.
c) Cada semana.
d) Cada mes.

14. Todo lo que se expone de los cuidados en el baño de los gerontes es cierto, excepto que:

a) En el baño el enfermo debe ser vigilado y acompañado en todo momento.
b) Cerca del baño no debe haber equipos ni útiles que funcionen con electricidad.

c) El baño de limpieza, como método de higiene corporal, no es un medio idóneo para favorecer la eliminación de las toxinas y de la suciedad.

d) Se cerrarán las ventanas y se caldeará la estancia donde se vaya a realizar el baño.

15. ¿Cada cuánto tiempo se deben dar en los pies baños de agua caliente, así como realizar ejercicios de movilidad sobre el agua?

a) Cada día.
b) Cada tres días.
c) Cada semana.
d) Cada mes.

16. ¿Qué tiempo máximo debe mantenerse puesto los zapatos cuándo se emplea un calzado nuevo?

a) No más de 10 minutos.
b) No más de media hora.
c) No más de 6 horas.
d) No más de un día.

17. Para prevenir los problemas respiratorios es necesario enseñar al anciano las técnicas de:

a) Respiración nasal, torácica y expectoración.
b) Respiración nasal, abdominal y expectoración.
c) Respiración profunda y expectoración.
d) Respiración en reposo y respiración en activo.

18. ¿Qué déficit mineral es el más frecuente de todos?

a) Magnesio.
b) Sodio.
c) Calcio.
d) Hierro.

19. ¿Qué ocasiona fundamentalmente la pérdida de calcio en el anciano?

a) Pérdida de masa ósea u osteoporosis.
b) Fracturas.
c) Luxaciones.
d) Esguinces.

20. ¿Qué alimentos son aconsejables en el anciano que le reporten un complemento extra de vitaminas?

a) Hígado y carnes.
b) Frutas.
c) Verduras.
d) Todos los anteriores.

En MADTEST tienes **más preguntas de este tema**, y todos tus avances quedan registrados y se reflejan en el ranking.

¡Supera tus límites con MADTEST!

Solución al test n.º 16

1. b) Una dieta rica en proteínas puede provocar enfermedades cardiacas, por ser riesgo aterosclerótico.

2. d) Autovalidez.

3. a) Llevar apropiadamente el presupuesto doméstico y manejo de dinero.

4. b) El cuidador debe prestar atención a su propia imagen, fomentando el autocuidado y la posibilidad de que el anciano adquiera su aprendizaje, incluso disfrute también de su imagen.

5. c) Debe ser amor y pertenencia.

6. c) 70 años.

7. d) No afecta el deseo sexual ni el nivel de motivación.

8. d) Conservar en buenas condiciones la cavidad bucal y evitar el deterioro y caída de los dientes.

9. b) Cada 6 meses.

10. d) Se incluye todo lo anterior.

11. b) Dos veces al día.

12. b) Una vez a la semana.

13. a) Cada día.

14. c) El baño de limpieza, como método de higiene corporal, no es un medio idóneo para favorecer la eliminación de las toxinas y de la suciedad.

15. c) Cada semana.

16. b) No más de media hora.

17. c) Respiración profunda y expectoración.

18. c) Calcio.

19. a) Pérdida de masa ósea u osteoporosis.

20. d) Todos los anteriores.

TEST N.º 17

La atención centrada en la persona: concepto, metodología y buenas prácticas. El derecho del mayor a realizar su proyecto de vida en la residencia. El testamento vital anticipado

1. El modelo de Atención Centrada en la Persona (ACP) se caracteriza principalmente por:

a) Priorizar la organización interna de los servicios.
b) Centrar los cuidados en la enfermedad del residente.
c) Aplicar programas estandarizados para todos los usuarios.
d) Situar a la persona como eje de las decisiones sobre su cuidado.

2. En el modelo ACP, la persona atendida es considerada:

a) Un receptor pasivo de cuidados.
b) Un agente activo que participa en decisiones sobre su vida.
c) Un sujeto dependiente del equipo sanitario.
d) Un usuario que debe adaptarse a las normas institucionales.

3. La Atención Centrada en la Persona supone un cambio respecto a los modelos tradicionales porque:

a) Se centra exclusivamente en cuidados médicos.
b) Reduce la participación de la familia.
c) Sitúa a la persona en el centro de la atención y no a la institución.
d) Elimina el trabajo interdisciplinar.

4. El concepto de calidad de vida de Schalock y Verdugo se caracteriza por ser:

a) Unidimensional.
b) Multidimensional.
c) Exclusivamente económico.
d) Basado únicamente en indicadores sanitarios.

5. Según el modelo de calidad de vida, la autodeterminación se refiere a:

a) La ausencia de dependencia.
b) La capacidad económica del individuo.
c) El derecho a tomar decisiones sobre la propia vida.
d) La capacidad física de realizar actividades.

6. ¿Cuál de las siguientes NO es una dimensión del modelo de calidad de vida?

a) Bienestar emocional.
b) Inclusión social.
c) Productividad laboral obligatoria.
d) Desarrollo personal.

7. El principio de individualidad en la Atención Integral Centrada en la Persona significa que:

a) Todos los residentes reciben los mismos cuidados.
b) La organización del centro determina los cuidados.
c) Cada persona es única y requiere una atención personalizada.
d) Las decisiones corresponden exclusivamente al equipo sanitario.

8. El principio de independencia en la AICP implica:

a) Evitar cualquier tipo de ayuda al residente.
b) Estimular las capacidades para favorecer la máxima autonomía.
c) Delegar los cuidados en la familia.
d) Reducir las intervenciones profesionales.

9. El principio de integralidad en la AICP reconoce que la persona es:

a) Un organismo exclusivamente biológico.
b) Un sujeto dependiente del entorno sanitario.
c) Un ser multidimensional con aspectos biológicos, psicológicos y sociales.
d) Un individuo definido por su estado clínico.

10. El círculo de apoyo en el modelo ACP está formado por:

a) Solo profesionales sanitarios.
b) Solo familiares.
c) Familiares, amigos y profesionales.
d) Exclusivamente trabajadores sociales.

11. En el modelo ACP, el plan de atención debe basarse principalmente en:

a) Las rutinas del centro.
b) Los protocolos asistenciales.

c) La historia de vida y preferencias de la persona.
d) Las limitaciones físicas del residente.

12. El concepto de "envejecer en casa" defiende que:

a) Las personas mayores no deben ingresar en residencias.
b) Los cuidados deben limitarse al ámbito hospitalario.
c) La atención debe prestarse preferentemente en el entorno habitual.
d) Las familias deben asumir todos los cuidados.

13. El sistema para la autonomía y atención a la dependencia (SAAD) se establece mediante:

a) Ley General de Sanidad.
b) Ley 39/2006 de Promoción de la Autonomía Personal.
c) Ley de Servicios Sociales de 1985.
d) Ley de Dependencia Europea.

14. Una de las funciones principales del TCAE en el modelo ACP es:

a) Aplicar exclusivamente técnicas sanitarias.
b) Supervisar al equipo médico.
c) Apoyar la autonomía y el bienestar de la persona.
d) Diseñar planes de tratamiento médico.

15. El papel del TCAE en los nuevos modelos de atención se caracteriza por:

a) Ejecutar tareas estandarizadas.
b) Acompañar, observar y apoyar a la persona.
c) Realizar funciones exclusivamente administrativas.
d) Limitarse al cuidado físico.

16. La observación sistemática del TCAE permite:

a) Sustituir al personal médico.
b) Diagnosticar enfermedades.
c) Detectar precozmente cambios en el estado del residente.
d) Evitar la intervención del equipo multidisciplinar.

17. El acompañamiento emocional del TCAE contribuye principalmente a:

a) Reducir el tiempo de trabajo.
b) Sustituir la intervención psicológica.
c) Favorecer el bienestar emocional y la inclusión social.
d) Evitar la participación familiar.

18. El proyecto de vida de una persona mayor se refiere a:

a) Su situación económica.
b) Sus objetivos, valores, deseos y expectativas personales.
c) Su estado de salud.
d) Su historial clínico.

19. El ingreso en una residencia debe entenderse como:

a) El final del proyecto vital.
b) Una pérdida de identidad personal.
c) Una adaptación del proyecto de vida a un nuevo entorno.
d) Una sustitución de las decisiones personales.

20. Tradicionalmente, el modelo institucional clásico de residencias se caracterizaba por:

a) Atención personalizada.
b) Amplia autonomía del residente.
c) Horarios rígidos y rutinas estandarizadas.
d) Participación activa de los residentes.

En MADTEST tienes **más preguntas de este tema**, y todos tus avances quedan registrados y se reflejan en el ranking.

¡Supera tus límites con MADTEST!

Solución al test n.º 17

1. d) Situar a la persona como eje de las decisiones sobre su cuidado.

2. b) Un agente activo que participa en decisiones sobre su vida.

3. c) Sitúa a la persona en el centro de la atención y no a la institución.

4. b) Multidimensional.

5. c) El derecho a tomar decisiones sobre la propia vida.

6. c) Productividad laboral obligatoria.

7. c) Cada persona es única y requiere una atención personalizada.

8. b) Estimular las capacidades para favorecer la máxima autonomía.

9. c) Un ser multidimensional con aspectos biológicos, psicológicos y sociales.

10. c) Familiares, amigos y profesionales.

11. c) La historia de vida y preferencias de la persona.

12. c) La atención debe prestarse preferentemente en el entorno habitual.

13. b) Ley 39/2006 de Promoción de la Autonomía Personal.

14. c) Apoyar la autonomía y el bienestar de la persona.

15. b) Acompañar, observar y apoyar a la persona.

16. c) Detectar precozmente cambios en el estado del residente.

17. c) Favorecer el bienestar emocional y la inclusión social.

18. b) Sus objetivos, valores, deseos y expectativas personales.

19. c) Una adaptación del proyecto de vida a un nuevo entorno.

20. c) Horarios rígidos y rutinas estandarizadas.

Cómo acceder al Curso
Auxiliares de Enfermería en Geriatría
Test del temario

El uso de los códigos **es exclusivo de los compradores de los productos de Editorial MAD**. Cada producto posee un código único y de un solo uso. Es personal e intransferible y da acceso a servicios y contenidos adicionales. Editorial MAD se reserva el derecho de hacer cuantas comprobaciones sean necesarias para identificar al legítimo poseedor del código y dejar de dar servicio a quien haga uso fraudulento del mismo, además de emprender cuantas acciones legales estime oportunas según la legislación vigente.

Deberás acceder a:

mad.es/registro-campus

Si una vez aceptadas las condiciones de uso del Campus decides hacer uso del mismo, necesitarás del siguiente código de acceso junto con los códigos del resto de títulos que se exigen (si fuera el caso):

M5AICD9JQV